大活字本シリーズ

加藤周一

私にとっての20世紀《上》

付 最後のメッセージ

埼玉福祉会

私にとっての20世紀　上

装幀　関根利雄

目次

第一部　私にとっての二〇世紀

第一部　私にとっての二〇世紀

第一章　いま、ここにある危機

未知のものへの関心

私は『羊の歌』（岩波新書）の中で、幼少期に熱のあったときよく見た夢のことを書いています。ある巨大な車輪のようなものが近づいてきて圧しつぶされそうになる夢です。いつも同じ形で出てきたものだから、たいへん印象深く残っています。

それは、何か合理的な秩序が破壊されたり、目に見えない未知のものがあるということの予感だと思う。小さいときから、未知のもの、合理的理解の不能な世界があるという意識は強かったようです。それは私だけでなくて誰でもそうなのではないか。小さい子どもが理解できる家族と家庭を中心にした、小学校のある部分を含むくらいの世界。その外に広がっている大人の世界はわからない。いったい何が起こっていて、それがどういう危険をもって迫って来るか見当がつかないものですから、気味が悪いというか怖い。

近代の大人の考え方では、世界は大体理解できるものだというのが、支配的ですけれど、子どものときは、世界は理解できないもの、理解できる部分が限られているということなのではないか。

大人になって大体わかることができるようになるけれど、しかし時が経つと今度はそう簡単ではなくて、わからないところがたくさんできて、ちょっと子どもの時代に戻るような感じがある。

私の経験からいうと、外界への関心、理解と、ものを書くことの原則は深くかかわっています。私は初めから一人で森羅万象について書かなければならないというような考えは毛頭もっていなかった。自分で見てきて、よく知っていることを書けばいい。知らないことはたくさんあるから、それは知っている人が書けばいい。人だったら会ってみるとか、何か事件があったらその場に行って見るということは、やはり大きなことだと思う。文字だけで見るとどうしても一面的なので、もっと具体的な出発点になっているイメージというか、そういうものを直接受け取ったほうがよりよく知っているということになるのです。

これについては若干の経験があります。

たとえば、一九四五年八月の広島の原子爆弾被害ですが、私は医学調査団の一人として行った。現場を見るのと見ないのとでは理解が大違いです。私が広島に着いたのは爆弾が破裂してから、大体一カ月後です。

もう一つは、これは石川淳さんの影響もあるかもしれないけれど、石川さんには、文人画について書いた長いエッセイ（「南画大体」）があって、彼は自分で実物を見たことのないもの、複製で見たものについては一切しゃべらない、本物を見たことのある作品についてだけ書くということをそこで断っているのです。

そのうち、私もだんだん絵を見るようになってわかってきたことは、やはり複製で何かをいうのは危険だということです。本当のものを見ないといけない。一度、本当のものを見た後で、記憶が確かでないから、たとえば構図とか色でさえもそのとおりではないけれども、思い出すために複製を使うのは大いに役立つ。しかし、初めから複製だけで見ると、本当に芸術作品としてのいちばん大事なところがわからないように思います。

私も石川さんの例に習って、たとえ一行といえども本物を見ない絵については書かない。

そうするとかなりの制限が生じます。それでもいいのです。

同時に、私の生き方としては、本当の絵を見る機会があったら、なるべく見るということも心掛けています。絵は世界中に散っていますから日本の中だってたくさんあるわけで、機会があればそれを見るようにしている。そして、思い出すためには、もちろん複製を大いに利用する。

誰か人さまのことを書いたり触れたりするとき、また聞きではいけないと思う。やはり自分で会って、その人の仕事を見た上で、建築家だったらその建築をとにかくいくつか見たうえで、それから作家だったらその作品を実際に読んだうえでいうべきで、人の噂に左右されないほうがいい。

そういうことの全体も、いくらか戦争の体験と絡んでいるのです。第一次世界大戦のときに、オーストリアの批評家で作家のカルル・クラウスという反戦家がいました。彼は『人類最後の日々』という読むための戯曲で、かなり大きな本なのですが、そこで第一次大戦の批判をしている。その中に「戦争とは嘘の体系である」という言葉が出てくるのです。日本の場合も全くそのとおりで、戦争は嘘の体系であったと思うのです。ところが、私は物心つくなりいきなり戦争です。中国侵略戦争があって、それが太平洋戦争に発展していく。大体、初めから嘘の体系の中で物心がついた。新聞に書いてあったとか、みんなが言っていることというのは必ずしも本当ではない。ことに戦争中は嘘のほうが多い。騙されるのが嫌ならば何事もやっぱり自分の目で見なければいけない。

それ以後も、私の生涯の間、そうやたらに信じない、まず疑ってかかるという意識ができたと思います。

そうした姿勢は、医学という自然科学を専攻したこととも関係があるでしょう。自然科学の研究室では、疑えるだけ疑うのです。人が論文に書いていたら追試する。もう一遍やってみて確かだということを試さなければ受け入れられない。

つまり、一人の人が論文を書いて「こうだ」といったら、それを鵜呑みにするということはないのです。それが自然科学の実験室で仕事をしている人たちの文献に対する態度で、誰でもそうするのです。

その習慣がありますから、誰か人がなにかをいったらすぐ信じるということはない。その現場に行って状況を自分の目でみようということになる。いろいろなところに、そういうかたちで行きました。

しかし戦争中は自由がない。言論表現の自由だけでなく旅行の自由もない。海外に出ることは実際問題として不可能に近かったし、国内ではもちろん動くことはできたのですが、私の場合にはお金がなかったり、学校が忙しかったりで、あまり自由に旅行できなかった。

ところが、戦後は、海外に出ることさえ、自由になった。私は戦後出かけた行先を、多かれ少なかれ、選んでいる。どこへ行って、何を見るかということを、いくらか意識的に選んでいるのではないかという気がする。それは戦争が済んで、すぐに広島へ行ったときから始まっていると思いますが、神戸で地震があったときも行きました。そのときは私はもう老人だったから、救援に行ったのではなくて、現場で何が起こっているか、人々がどういう苦しみを味わっているのかを自分の目で見たかったということです。

人は生まれる時を選べない。たとえばちょうど自分が生きている間に、偉い俳優、上手な俳優に出会わなければ彼らの芝居を見られない。それは偶然です。同時代に名優がいなければその演技を見ることはできない、それは写真ではわからない。それで私は、いろいろな名優やすぐれた音楽家と同時代を生きたということにたいへん感謝しているのです。

その一人は先代の野村万蔵です。狂言の名手です。彼がいたお陰で、狂言の名手というのはいったいどういうものなのかということがわかりました。

俳優になると、狂言でも能でも西洋の演劇、たとえばブレヒトでも同じです。舞台にその人が現れたら、観衆がサッと引き締まるのです。

まだ台詞も言わないのに、その人の存在そのもので、たちまち劇場全体がある緊張を帯びてくるのです。

万蔵さんの芸は、そういうものでした。名人芸と人格全体が分ち難い。日本では能にも、歌舞伎にも、そういう至芸があったと思います。西洋では、ブレヒトが死んだ後だけれども、ブレヒトの劇場のベルリナー・アンサンブルというのがあって、そこでシェークスピアの『コリオレーナス』のブレヒト版『コリオラン』を見たことがあります。

コリオレーナスの母親を演じたのが、ブレヒト夫人だったフラウ・ヴァイゲルという女優で、彼女にも登場するだけで舞台全体というか劇場全体を引き締めるような存在感があった。それは余人をもって代えがたい、そういう俳優というか名人に出会ったということはたいへん幸福です。

英国でもいろいろ名優の舞台を見ました。ローレンス・オリヴィエなども含めて英国には上手な俳優がたくさんいるので、幸福でした。これはその場に行って見るということの喜びで、本では読めないし写真ではわからない。出かけて行って見るものです、芝居というものは。

オペラの歌手もそうです。今はヴィデオが発達して名演を見聴きできるけれども、その舞台でいい声を聞くのは、それはたまたまそのときに居合わせないと聞けない。

私はカルーゾを聞いたことがない。私の幼い頃にすでに死んでいました。

それでも戦後、何人かのいい歌手をヴィーンで聞きました。たとえば、ソプラノのエリザベート・シュヴァルツコップ。彼女の全盛期です。それからリザ・デラ・カーザ。イタリア・オペラの人たちもそうだけれど、シュヴァルツコップはソプラノがどれぐらいきれいかということを教えてくれた。『フィガロ』の伯爵夫人とか『薔薇の騎士』の元帥夫人とか。野村さんの狂言と同じです。

私にとっての二〇世紀

私にとっての二〇世紀とは何かというと、私の経験に則していえば、テクノロジーの進歩による環境の変化がいちばん印象的なことの一つです。それが、私一人の生涯のうちに、実に劇的にあらわれていました。たとえば、私が子どものときラジオのNHK放送局が愛宕山に設けられて放送が始まった。愛宕山で何かいうとわが家で聞ける。もちろん東京の中ですが、聞けるということがたいへん面白かった。何をいっているかは、鉱石受信機の時代ですから雑音が多くて、よくわからなかったのですが、それでも意味のわかるところもあって、たとえば放送の最後にJOAKなんていって終わったけれど、それがわが家で聞こえるということは、本当に奇蹟みたいなものでした。

もっと後になってからは、NHKの放送が色彩のついたテレヴィジョンになりました。音とイメージが一緒になって来るので、これは昔光った小さな石を針で突ついていた時代から見ると、画期的なことだった。

それから公衆衛生が発達したのも大きな技術的進歩です。私が今なお生きていることとも関係があるでしょう。

私は、子どものころ肋膜炎になりました。当時、死病といわれた結核はかなりあった。腸チフスにかかったこともある。腸チフスといわれていたのは急性伝染病で、命にかかわる病気です。英語では ty-phoid fever という。今はもうそういう病気は日本にほとんど存在しない。そういうことも大きなことだと思います。

しかし、二〇世紀を生きてきて強く感じたのはやはり戦争です。太平洋戦争のとき徴兵の年齢でしたから。私が徴兵を受けなかったのは、肋膜炎のお陰もあるのですけれど、医者だったからでしょう。若干の医者はどうしても病院に必要でした。

学校の同級生や友人はかなり大勢死んでいる。自分はやっと生き延びたけれど、別に理由があって生き延びたわけではなくて偶然です。なんの理由もなく、私の友人は戦争のために死んでしまった。私の友達を殺す理由、殺しを正当化するような理由をそう簡単に見つけることはできない。だから、戦争反対ということになるのです。

死んだ友達がもし生きていたら、いまいわないだろうことをいったり、いうに違いないことを黙っていたりするのは、少なくとも私がしゃべることが可能であるかぎりにおいては、こだわりなしにはできません。要するに彼が決していわなかったであろうことをいったり、彼が黙っていなかったろうことを沈黙したりということは、したくないという気持ちが私の中にある。

たとえば、戦争を肯定することはその一つです。殺された人たちからいえば、そういうことは許せないだろうと思います。もし、私がそういうことをしゃべれば、それは友達に対する一種の裏切りのような気がするのです。国家への忠誠？　しかし国家が主張する善し悪しは、一〇年もすれば、逆転します。十五年戦争は「聖戦」から「侵略」に変わった。「倹約」の美徳は、「消費」の勧めに変わる。それに合わせて、当方も変わらないかぎり、国家とはつきあえないでしょう。これは友人関係と全くちがう話です。

私は、あまり道徳的にいい人間ではないだろうと思いますけれど、ただ、私の善し悪しの判断の一つは、裏切りということです。友達を裏切ることはしたくない。

いつまで生きていられるかわからないという死の迫った状態で生きていた数年間は、ある特殊な限界状況のようなものです。平和なときだったら、何が大事で何が大事ではないかという、ものの価値の段階がある。

資本主義社会ですら大抵のものには正札がついていて、値段の高いものはいいとか、値段の安いものはつまらないとかなる。同じ建物でも高い家と安い家がある。そういう段階がある。

ところが戦争中私が体験したように、死が迫ってくると、そういう段階は崩れるのです。どっちでもよくなる。要するに正札が取れてしまう。そうすると、これこれ特別な薔薇とか特殊な珍しい蘭は高く、庭に生えている小さな花は大事ではない安いものだという区別がなくなってしまう。

それは一種の価値の転換です。そういうことを戦争は経験させた。その印象というか経験が強かったために、一種の約束ごととして世間で高いもの、安いものとされている価値づけをひっくり返してみるというか、それを無視してみる見方みたいなものが自分の中に定着したと思います。それはほとんど詩人の態度、あるいは芸術家の態度に近いと思う。物の価値は、見方の問題、それを受け取る人の側の心の動き方に重点があって、物そのものの性質はどんなに小さな物からでも強い幸福感や満足感、あるいはその美しさを読み取ることができるということです。

たとえば画家。セザンヌの書いたリンゴは特別なリンゴではない。リンゴという果物は机の上にあって、ありふれたものです。彼にとってはそれが特別な果物である必要はない。問題はリンゴの見方です。セザンヌの眼には、普通のリンゴが美しかったのです。もし、それを美しく見ることができなければ、もっと高い果物を買ってきてもだめです。

戦後の私の半生には、芸術家のそういう物の見方のようなものに近い面があったと思う。

テクノロジーの進歩は戦争の道具も進歩させた。その頂点の一つは原子爆弾です。非常に残酷で全く何の罪もない子どもまでみんな殺してしまうという武器が大いに発達したのが二〇世紀です。

トロイ戦争から一九世紀の終りまで何千年の間に戦争で死んだ人の数と、二〇世紀の百年間に戦争で死んだ人の数は拮抗するのではないか。

その意味で二〇世紀は戦争の世紀だといえるし、テクノロジーの世紀だといってもいい面がある。飛行機で地上のどこまでも簡単に飛べるようになったけれど、他方では同じテクノロジーがたくさんの人を殺すということが疑う余地のない事実として全面に出てきた世紀です。日本の一九世紀初めは文化・文政で、後半になってから明治維新になる。日本がある程度の近代的な国家になるのは二〇世紀になってからです。

一九世紀までの日本は、周りの世界から孤立していて周囲にほとんど影響を与えていない。世界史の展開はほかの役者がやっている仕事で、日本は役者として、世界史の過程の中に参加していなかった。最初に参加したのは二〇世紀になってからです。

日本の参加が、いちばん大きな衝撃として現れたのは日露戦争でしょう。日露戦争は必ずしも日本の侵略とは言い切れない。ロシアの侵略とは言えるでしょうが、なによりも全世界が受け取った日露戦争は、ヨーロッパの大国ロシアを、ヨーロッパ人の国ではない国が打ち負かした最初の事件だったということでしょう。

つまり、ヨーロッパ中心の圧倒的な軍事的、技術的、経済的、世界支配の終りを象徴していた。

日本は、初めそういうものとして世界史の舞台に現れました。そのあと日本自身が、ヨーロッパ人の植民地帝国と別のことをしたかというと、むしろ同じ道、膨張政策を取った。中国大陸、アジア大陸への侵略戦争です。それが破綻したのが二〇世紀の真ん中ということになります。

その後はどうなったか。一九四五年以後の日本は素早く経済的に復興する。技術的にも発展があっていわゆる経済大国になる。それはヨーロッパ人以外の国が、経済的に世界的な影響力を持つ大きな国になった最初の例です。それまでは、すべての経済的、技術的な力は全く独占的にヨーロッパおよび北米に集中していた。

そこで、またヨーロッパ人と同じことをするつもりなのか、もう少し変わった道をたどるのかということになります。変わった道をたどるきっかけの一つは、軍事力に頼らないことでしょう。平和憲法の精神を尊重してゆけば、まさに普通の国ではない、独特の、今までの欧米人の強国がやってきたことの摸倣ではなくて、違う道を歩んだということになる。

経済的には、もし日本がほかの工業国よりももっと環境破壊に考慮して、国際的には、南北関係にみられる豊かな工業国と貧しい南の非工業国、その格差を縮めることに経済力を使えば、新しい形の経済的な大国ということにもなるでしょう。そういうことを一国で実行するのは、もちろん、むずかしい。しかしそういう方向へ向けて、他の先進工業国によびかけることはできるはずです。

そうでなければ、前にヨーロッパ人のやったことの繰り返しに過ぎないということになると思います。これから先どうするのか。その選択の時が二〇世紀の終りに来ているということでしょう。

私は、必ずしも楽天的ではない。なぜならば、戦争に関して日本政府が平和主義に積極的であったとは、必ずしもいえないからです。むしろ、方向転換してまた戦争の方向に向かうのではないかという心配の方が大きい。

一九九九年に起きたこと

一九九九年、日本で一連の法律が通った。

いわゆる新ガイドライン法案というのは、米国がアジアまたはその周辺のどこかで戦争をすれば、日本が自動的にその戦争に参加するというものです。広い意味で戦争準備だと思う。

それは安保条約の変質です。日本が攻撃されたときに、あるいは強い軍事的な脅威を受けたときに日本を守るというのが安保条約のはずです。新ガイドラインというのは全然そうではない。日本に脅威があろうとなかろうと、どこかの地域でなんらかの理由によって米国が軍事行動を取ればそれを日本が支援するということです。

九九年に成立したこのほかの法律をみると、盗聴法にしても、国民総背番号制にしても、政府が国民をコントロールすることができる広範な可能性を、政治権力に与えたということです。

日の丸国旗・君が代国歌法というのも、国家権力による強制に道をひらく、根拠づける法律だといえるでしょう。

時限爆弾というものはすぐには爆発しない。戦争が起これば途方もないことになるはずの新ガイドライン関連法案でも、戦争がなければ発動しないわけだから別に現状と変わりはない。

それから、盗聴法も、危ないと思った団体を盗聴すると書いてあるわけですから、誰でも盗聴するわけではない。ただ、誰が危険だ、どの団体が危険だと思うかは、政府にお任せなのです。もし、政府がそれをやたらに使わなければ、危険でもなんでもない。しかし、もし使うとすれば、合法的に盗聴法を使って、なんでもかんでもわれわれの通信のほとんど全部は盗聴できる。

国旗や国歌の話でも、それを強制しなければ、別に害はない。しかし政府が、強制しようと思えば、法制化されているほうがやりやすいということがある。現に強制に向かう傾向は強く出ています。法律はどんなにひどい法律であっても、その使い方で害のない場合もある。そもそもその法律を使わないこともできる。しかし、使い方によっては非常に悪い効果を及ぼし得る。

例はいろいろありますが、たとえば大正デモクラシーの時代、一九二〇年代に通った治安維持法です。治安維持法はこれをすぐには使わなかった。しかし、それから一〇年二〇年経つと、それを使って言論と集会の自由を弾圧した。これはもうファシズム国家です。その悪名高い日本軍国主義の柱の一つは治安維持法だった。まさに時限爆弾です。できたときは大したことはない、使わなければ別に心配はないといわれた。誰も逮捕されなかった。しばらくして、それが極限まで使われてひどいことになった。一九二五年に成立した時限爆弾が（主として）三〇年代に爆発したのです。

一九三六年には二・二六事件が起こって、その後、国民の大部分にとってはあまりよくわからないままに、さり気なく静かに「軍部大臣現役武官制」というものが復活した。だからどうってことはないわけで市民生活にはなんの影響もなかったから、みんな安心していたのです。ところが、ちょっと経つと、軍部は、実際には陸軍ですが、自分たちの望まない内閣を、その法律を使って流産させた。それは全く合法的な行動であって、陸軍が気に入らない人が、いわゆる大命降下で総理大臣指名を受けると、内閣を組織するため名簿を作る。そのとき陸軍は、陸軍大臣を出さなければいいいわけです。そうすれば閣僚名簿が完成しない。従って内閣は成立しない。次もまた気に入らない人間なら同じ手が使える。それは、あらかじめわかっていますから、結局、陸軍のいいなりになる総理大臣ができるということになります。

陸軍が政治を壟断したから、あまりに強い影響力を行使して大方の決定を陸軍の意思に従っておこなったから、日本は不幸な戦争の中で滅びていったのだと、戦後説明されました。

それならばなぜ陸軍が政治を支配したのか。大きな理由の一つは一九三六年の法律です。「軍部大臣現役武官制」は時限爆弾です。戦後になると一九五二年の破防法（破壊活動防止法）がそうです。これは、反対が非常に強かった。しかし、議会は通り、今まで全然使われなかったわけではないけれど、少なくとも大規模に害のあるような使い方はされなかった。この時限爆弾を爆発させなかったのは世論の力です。

そういうふうに、法律というものは使い方による。一九九九年に通った一連の法律は、そういう意味で時が経てば爆発し得る法律だと思う。その時限爆弾法が本当に破裂するかどうかという問題は、つまるところ世論によります。その法律を作るかどうか、承認するかどうかは議会、ことに議会の多数派が握っている。その法律を政府がどう使うか使わないかというのは、それは政府も真空の中でやっているわけではないから、世論の大きな影響を受けます。世論が圧倒的に反対だったら、その法律をやたらに使うことはできない。

だから世論が大事。一般市民の立場からいえば、法律が議会を通ってしまっても抵抗することはできる。時限爆弾を抱えながら、これから先それを使わせないようにする、爆発させないようにする世論を起こすことが重要です。

いま起こっていることは二つあると思います。

一つは、代議制だから国民は代議士を選挙する、そして、多数の票を得た人が当選して議会で多数派を作る。しかし、ある特定の問題は選挙と同時期に起こるとはかぎらない。議会が成立してしばらく経ってから、議席の配分が、すなわち議会内の多数意見が、世論調査をすればある程度わかるように、世論の多数派と一致することもあるが一致しないこともある。一致しない場合には、議会の多数派は議会外では少数派なわけです。そのことを議会は充分に考慮して行動すべきなのに、今は考慮することが甚だ少ない。

第二の点は、どこでも同じですが、多数派と少数派があって多数派に従って行動するというのは便宜的な問題です。たとえば、議会はある法律をやめるか採択するかということを決めなければならない。その場合に、議会全体としてはどうしても結論を出さなければならないから、多数派に従う。それが原則です。

したがって、ある時点、たとえばきょう多数派が承認することが、あしたも多数意見であるとは限らない。選挙をすれば今の多数派が少数派になり、少数派が多数派になるかもしれない。

だから、多数派意見が正しいということでは全くない。代議制民主主義とは意見が分かれているときには、仮に多数派に従って行動しようという約束なのです。その約束の中に多数派意見が正しいということは入っていない。

ところが、そういうことを考慮しないと、少数派はないほうがいいということになるし、あればその意見を無視する。できれば少数派を消してしまったほうがなおいいという考え方が成り立つのです。それがジョン・スチュアート・ミルが『自由について』の中でさんざん強調した「民主主義は少数派の尊重だ」ということです。

民主主義の最大の悪は多数派の専制であるといったのは、一八世紀末の米国の民主主義を観察した、トックヴィルです。ミルの意見もトックヴィルの意見も同じです。要するに、民主主義の根底は仮に多数派によって行動することであると同時に、常に少数派意見を大事にするということです。

ところが、今の日本の議会内での多数党の行動を見ていると、少数派の意見の尊重ということが全くなされない。質問の時間も短くする。委員会の委員長は議席の配分に比例して時間を決めていく。大体、政策を決定するときに、少数派意見を傾聴しようということは甚だ少ないです。これは民主主義的ではありません。

大雑把にいって、今の与党だけでなく、戦後日本の議会政治では、あるいはもっと大きくいえば社会全体に、少数意見の尊重という考え方が薄い。戦後、定着してみんなが知っていることは、多数派を選ぶ選挙をして、多数派の意見が正しいと考える習慣です。その習慣に従えば、暗々裡に少数派がなければいちばんいいとなる。全会一致がいちばん望ましい光景になります。そこで一人とか二人だけ反対意見の人があると、それは不幸な事故のようなものです。理想的な状態は反対者がいないこと、全会一致。やむを得ず少数意見があれば、なるべくそれを抑えようということで、あるいは説得して同じ意見に変えようともする。これは半民主主義であって、全面民主主義ではない。

そういう考え方は少なくとも英国にはない。むしろ、彼らは人が集まれば意見は違うのが当たり前だと思っているから、少数意見にはわりに寛大で、注意して尊重するという傾向がある。日本ではそういう議論は、戦後においてもほとんどありません。

さらに政治的には少数意見を代表する野党がないと、社会の全体が意見を変えることができないのです。多数意見に従ってある方向に邁進して行って、こいつはまずいと思ったときに、方向を変えようと思っても、違った方向を代表する専門家も指導者もいない。全会一致団体というのは、いい目標を選んだときはみんなが一致協力するから効率的に働くが、選んだ目標がまずくて方向を変える必要があるときには、方向転換能力が欠如しているので「玉砕」する。カタストロフまで行ってしまうのです。それを避けるためには、方向を変えるべきときに、同じ人が後悔して新しい道を発見するのではなくて、初めから別の方向について考え、それを望み研究して来た人たちと選手交代すればいい。そうすると、方向を変えやすい。

日本の場合は選手交代ができないから、みんなが全部変わるかどうかになっている。それは難しいから、どこまでも惰性にひきずられます。第二次世界大戦の終わり方もそうでした。犠牲が少なくて済むうちにもっと早くやめればよかった。あの戦争に反対で「英米と戦争すると負けるからやめたほうがいいと思う」といっていた少数派の人たちの意見を大事にしていれば、途中で選手交代して戦争をやめられたと思うのです。選手が交代しないから日本では、同じ天皇が開戦の詔勅を出し、終戦のつまり降伏の詔勅も出す。ついに日本中の大都会がほとんど全部焼き払われるまで、なかなか降参しなかった。その間に大勢の人が死んだということです。

二〇〇〇年の春、オーストリアでナチ信奉者、排外主義者のハイダーが内閣に参加したら一四カ国からボイコットを受けました。それと同じように、日本で右翼が抬頭すれば中国人や韓国人が怒る。そういう状況下では東北アジアの安定はつくれない。オーストリアがヨーロッパであるほかないのに、ヨーロッパとの関係を悪くする。日本は東北アジアで暮らすほかないのに、中国や韓国などとの関係を悪くする。そこは相似の関係になっている。

その根本的な問題は、戦争の事実をはっきりと認めることをしないでごまかしているかどうかです。戦争の話をするのは昔の思い出話ではなく、現在の問題なのです。未来を決定する重大な意味をもつ。オーストリア問題にはもっと興味をもっていいと思います。

オーストリアは風景も、音楽も、美しい国です。しかし二つのオーストリアがある。

一つは表面に出ている美術館、オペラ、コンサートホール。それからアルプスのスキーやドナウの谷のぶどう酒。モーツァルトと円舞曲とリヒアルト・シュトラウスの国。それが表面。

水面下のオーストリアには、ナチの残党がいる。オーストリアは、元ナチの支持者を放逐していないから、いないはずがない。ヴィーンの建物の窓という窓からハーケンクロイツを掲げていた人たちは、どこに行ったのか。今でも隣に住んでいるのです。

ちょうど南京で中国人の子どもを殺した日本人はどこに行ったかというと、それはわれわれの隣に住んでいるとても親切なおじさんなのです。ドイツは時効のない犯罪としてナチを追及したからギクシャクした。しかしギクシャクしないではナチの問題は解決できないのです。

対米従属しかし反米感情

日本の現実は対米従属だけれど、不満感が強くなって対米従属から脱出しようとするときには、戦争を肯定して日本もよかったという右翼的なナショナリズムの立場からのものになる可能性が強い。それは非常に危ないことです。孤立すると思う。

右翼が危険なのは、孤立すると、今度はもっと強硬な手段に訴えることです。ヴィシャス・サークル（悪循環）になってだんだんエスカレートしてくる。その方向に行ったら最悪です。

敗戦による解放の面、すなわちファシズムから日本社会が解放された。ファシズムを忘れると、その面を落とすことになる。敗戦だけが残ると恨みになって、反米になる恐れがある。

米軍は一面では解放軍だったから反米にならなかった。現実主義からやむを得ず反米にならなかった、という面もある。それがチェックとして働いて、今すぐにナショナリズムは爆発しないでしょう。しかし爆発は一気におこるかもしれない。米国崇拝、対米従属から今度は急転して反米になって、なんでも米国が悪いということになるかもしれない。

日本の大衆は、ほとんど批判されたことがない。オーストリアと同じです。軍人が独裁して侵略戦争を起こしたといっているけれど、たしかに日本の軍人は二・二六事件のような非合法のクー・デタを企てたりもしたのですが、先述したように権力をだんだんに奪うやり方は合法的でした。

選挙したのは日本の大衆なのです。日本の大衆が議員を選挙して、その議員は軍部大臣現役武官制復活に賛成投票した。賛成投票をすれば、それを使って軍部が自由に支配する。その過程は全部合法的です。

敗戦で体制は変わりましたが、民主的な制度が機能しているときにはますます大衆が大事です。

日本の大衆にはもちろん問題もあります。大阪で横山ノック知事のセクハラ事件が起きたのは、誰も予想できないことでしたが、ノックを選んだのは大阪府民です。漫才で人気のあることと、府知事としての政治家の能力とはなんら関係がないのに圧倒的な多数票で勝った。

テレヴィの人気投票と府知事の選挙とは違うはずで、実は違わなかった。

たとえば、大がかりなゼネコンの工事で、やたらにカネを使って赤字を増やすことに反対だというのと、いや景気をよくするのだからやろうというのと二つの意見、二人の候補者、二つの政党がある。どっちを支持するのかを、よく考えればいいと思います。どっちでも同じだということはないのです。

日本の国民は、民主主義に対してあまり熱心ではない。民主主義を維持するということに関心が少ない。民主主義でなかったらどうなるか、おそらく戦前と同じになる。戦争です。だから戦争の批判は、大事なのです。戦争批判をしないことと、今の民主主義をありがたいと思わないこととは、絡んでいるでしょう。しかし、戦争中の現実については、あまりはっきりいわないでごまかしてきました。今は大衆的な意味で「戦前的な状況」といえるかも知れません。

私は、若い人が不思議でならない。どうしてかなりの人が選挙に行かないのか。新ガイドラインは、戦争が起これば支援する。支援するときに港湾や空港、病院などを米軍に提供する。それだけでなくて必要な人間も徴用して奉仕します。港湾労働者やパイロット、医療関係者を戦争のために必要ならば強制的に徴用することが可能なのです。

若い人が徴用されたほうがいいと思っているのかどうかは大いに疑問です。戦争になれば死ぬかもしれません。武器を乗せた船を出せば、相手に戦闘能力があれば、その船を交戦相手として沈めるでしょう。

まず新ガイドライン法案を成立させ、それを徹底させるために憲法調査会を発足させる。その先には憲法改正があるでしょう。憲法改正の次の段階は徴兵でしょう。

赤紙が来ればあしたから軍隊です。すべてのことを犠牲にして、とにかくあした兵隊にならなければならない。それがおもしろいと思えるならいいけれど、そういうことになったら困ると思うのなら、それを防ぐ手段は、まず選挙権を行使することです。結局、選挙権をもつ大衆が問題なのです。

劇画では勇ましいと思うかもしれないが、現実の戦争は決して勇ましくない。劇画や映画の中では、英雄的な戦い方をして、危険だけれど「国家」のために戦うということだと思うのですが、本当の戦争では、大抵の人は英雄より何より戦わないで病気で死にます。

一九三〇年代の終りごろ、日中戦争のニュース映画で日本軍を写真に撮っていた。大部分は歩いているところです。中国は広いから、ただ歩いている。重い荷物を背負って武器を持って列を作ってずっと歩いているところを撮っていた。勇ましく射撃なんかしていません。戦争とは歩くことです。

英雄的な戦いだというイメージを、指導者は宣伝するけれども、実際にはそういうものではない。英雄主義からはほど遠い。ヴェトナム戦争のときでもそうでしょう。フランスがやったヴェトナム戦争のとき、フランスでは「汚い戦争」といっていたのです。

この一〇年の危機

この一〇年間、世界がどう変わったのか。おそらくベルリンの壁の崩壊が象徴的だと思うのです。私は壁崩壊の直後に「崩れたベルリンの壁」という文章の中で、「ヨーロッパ統一の前に東西ドイツが統一されれば、強大な国が中部ヨーロッパに出現するはずである。その強国が東側にとっても西側にとっても、脅威にならないという保証はない。中部ヨーロッパの概念は、その文化を共有する都会が東西ヨーロッパのいずれの側に位置するかということに係りなく、たとえばベルリン、ワルシャワ、プラーハ、ヴィーン、ブダペスト、さらにいえばツューリッヒやザグレブまでをも、ほとんど感覚的に結びつけるのである」（「朝日新聞」一九八九年一一月二〇日）と書いた。つまり、ここには一つの文化的世界があった、一種の文化的ナショナリズムが中部ヨーロッパにあった。それは国民国家の統一より前から、ことに文化的領域において強く存在した。だからドイツの再統一が早すぎればヨーロッパの混乱を招き、その結果を予測することはできないと指摘したのです。

これが一九八九年一一月です。その後一〇年、あのときに感じたように状況が進行してきたと思います。この一〇年の世界史的な危機といえる事態を考えてみましょう。

この文章では中部ヨーロッパという言葉を使っていますが、これはドイツでよく使われる言葉です。英国やフランス、西ヨーロッパではあまり使われない。もう一つの概念は、ハプスブルグ、オーストリア・ハンガリー帝国です。その中にチェコスロヴァキアが入りますから、結局北からいうとプラハ、ヴィーン、ブダペスト、ザグレブまでがハプスブルグ治下です。この似ているところに文化的統一がある。まず第一にお互いの交流はドイツ語です。建築の様式でも非常に似ています。街の色彩的な面でも灰色系の建物、石の色などでも似ている点が多い。地中海のヨーロッパの町とは全然違うし、この文化圏内では料理も似ているところがある。ハプスブルグ治下で何百年かかってできた、ある共通の文化があるのです。

第一次世界大戦でハプスブルグ帝国が分解して小さな国になるが、文化的統一性はかなり残っていて、そのあとも今いった領域の外よりは中での交流に密接な関係がありました。

ユーゴスラヴィアが分解して民族紛争があって、クロアチア、スロヴェニアが独立した。このクロアチアとスロヴェニアはまさにハプスブルグ治下です。クロアチアの首都はザグレブです。そしてどこの国が一番先に独立を承認したかというと、それはドイツとオーストリアです。私はそのことがユーゴスラヴィアのその後の状態、ボスニア・ヘルツェゴヴィナ戦争の口火を切っていると思います。クロアチアとスロヴェニアの承認は、ユーゴスラヴィア分解の国際的な公認です。だからあとはもう歯止めが利かないわけで、完全に独立する。そうすれば当然、ボスニアも独立を求めるし、またボスニアの中には複雑な民族的構成があるから、それぞれの民族が独立を求めるということになって混乱が生じてきたということです。行きつくところボスニアにおけるミロシェヴィッチ大統領の民族浄化運動があって、残虐なことも行われたのです。しかしクロアチアにはなかったのかというと、そうではない。ツジマン首相のザグレブ政府というのは、話はいろいろ複雑なのですが、浄化運動でかなりひどいこともしている。その典型的な例は、クロアチア政府によるクロアチア南部でのセルビア系住民の弾圧です。結局全部追い出したわけです。ボスニアでのセルビア人たちの独立要求は民族浄化運動だからけしからん、そのまま承認することはできないというのはやや表向きであって、もしそうならばクロアチアだってそんなに違っていたわけではないということになる。だから、クロアチアが独立したいといった時すぐにドイツ、オーストリアが承認したのは、そういう歴史的背景があるのです。それが一つです。

それからもう一つは、ナチとの関係です。ナチはユーゴスラヴィアも支配していた。そしてそれをパルチザンが回復しようとして抵抗したのです。だからユーゴスラヴィアの中には反ナチ・パルチザンが盛んだった。その主力はセルビア人で、その指導者はチトーです。チトーはパルチザンを率いてナチの支配に対して武装抵抗しましたが、彼自身はクロアチアの出身です。しかし戦力の大部分はセルビア人で構成された。一方、クロアチアとナチとの関係は極めて微妙で、少なくともナチに対する抵抗の主体ではなかった。今の反ナチということを中心にして考えれば、むしろセルビアのほうが主体で、クロアチアの承認のほうが遅れてもいいわけなのですが、逆になったということが歴史的な背景なのです。

ユーゴスラヴィア情勢についていえば、チトーは、とにかくナチに対する抵抗運動を一番強く率いた人の一人です。その信望があったからこそ戦後にユーゴスラヴィア全体を統一できた。ただその戦っている最中に、彼はソヴィエトに援助を求めたのです。ところがソヴィエトは戦争中で忙しいということもあって、スターリンは武器の援助をしなかった。どうしてかというと、スターリンは米国の援助を必要としていたのです。米国は社会主義者であるチトーがあまり強力になって、戦後のユーゴスラヴィアを支配することを望んでいなかった。そこでスターリンは、チトーの要求を飲むことと米国の意を迎えることと、どちらを選ぶかとなった。スターリンはソヴィエトが大事だから米国を選び、チトーを犠牲にして武器を送らなかったのです。ソヴィエトは武器を送らなかったが、それならせめて医薬品を送ってくれとチトーはスターリンに頼んだ。スターリンは医薬品だけでなく、完全に何の援助もしなかったらしい。

そのことが戦後に尾を引いて、チトーは社会主義だろうと何だろうと、とにかくソヴィエトの支配する東ヨーロッパでソヴィエトの指導に服することを拒否したわけです。ソヴィエト側は、チトーとの対立が激しくなったから、軍隊を入れるか、占領するか、あるいはそれをあきらめて話し合うしかなかった。もし軍事侵攻するにしても、あれだけナチに抵抗して、あれだけはっきりと梃子でも動かない意思を持って独立を宣言しているチトーを力でねじ伏せるには大軍を投入しなければならない。それでスターリンは軍隊を入れることをあきらめたのです。

ユーゴスラヴィアは、海岸は平らなところがあるが、ことに南部では、背景は険峻な山です。その山の中で抵抗されたら戦車隊出動というわけにはいかない。ヒトラーの軍隊もユーゴスラヴィアでさんざんてこずったわけですから、スターリンはあきらめた。それが、ユーゴスラヴィアが東ヨーロッパから独立して、もちろん西側からも独立で進み、統一の根本原理はチトーその人だったということの背景です。ところがチトーが死ねば統一は難しくなる。そういうことはベルリンの壁が崩壊するはるか前から、われわれには大体わかっていました。

だからチトーが亡くなったあとは、ああ時間の問題だろうと思っていた。それがユーゴスラヴィア情勢です。

しかしドイツは別です。東西ドイツが統一して独立国になると、人口の点でも経済力の点でもヨーロッパ大陸で最大の強国になる。前の戦争の記憶がありますから、それはロシアも望んでいないし、フランスも英国も望んでいない。つまり周りじゅうのすべての国が望んでいなかったのです。それで統一は困難だった。ドイツをヨーロッパに組み込んだ上で、その統一ドイツがヨーロッパの一部として統一されるという条件のもとで初めて可能になったということです。けれども必ずしも統一ドイツが簡単にできそうだったわけではない。統一に対する警戒は非常に強かった。

成り立った理由は、一つはドイツ内部の動きがあまりにも統一に向かっていて、ロシアもそれをコントロールすることができなくなって、ベルリンの壁が崩壊してそれを維持できなくなったという情勢が作用している。もう一つはやはり米国の影です。米国はヨーロッパほど統一に強く警戒はしなかった。だから米国は容認するという態度だった。

統一するとき問題だったのは、コール首相が、西ドイツの一マルクと東ドイツの一マルクを等価交換するといったことです。闇市での交換レートは、購買力が強い西マルクのほうがはるかに大きい。東マルクで一〇持っていた人がそのまま一〇の西マルクにかわれば、実際問題として貯金が何倍かになるわけです。だから東側の住民はみんなそれを大歓迎した。これによって統一のあとの選挙はコールに断然有利に働いたわけです。

ＳＰＤ（ドイツ社会民主党）のヘルムート・シュミットは、それだけはまずいからやめたほうがいいといっていた。それは貯金を持っている人はとにかく何倍かになりますから、何もしないでも自動的に。だから統一大歓迎なのですが、しかし東ドイツの会社は何かを作ったときに、定価が東ドイツマルクで決まっていたわけで、今まで自動車を東マルク一、〇〇〇マルクなら一、〇〇〇マルクで売っていた。ところがそれもまた西マルクと等価になります。そうすると突然値段が五倍なら五倍になるのですから、売れっこない。

すべての工業製品は、大体、質からいえば西側のほうが進んでいるから西側よりも劣っている自動車の値段が突如として五倍になって会社が立ちゆくはずがない。会社がつぶれれば失業者が出る。だから貯金は五倍になるかもしれないけれど、会社はつぶれるということになった。シュミットはそれを警告していたのです。しかし、コールは強引にそれをやった。はたして選挙には勝ったけれど東ドイツの会社はどんどんつぶれ失業者が増えた。

今でもその問題が残っています。特別税によって東ドイツ援助資金というものを作って、とにかく西側から基礎を支えようということになる。失業対策です。

それから西側のスタンダード化、標準を満たす基礎工事の展開です。たとえば自動車道路、道路網、鉄道のレール、港湾の荷揚げ設備とか、そういうものを大体西側の標準に引き上げることをした。そのために膨大な資金を投入し、大きな経済的負担になった。

統一ドイツが国際的に大きくなって、外に対して強大な影響力を振るうというのは、まだ別に害はないと思います。しかし投資は、もとの東ドイツ周辺、チェコスロヴァキアからハンガリー、つまり元中部ヨーロッパに対するものは圧倒的にドイツが大きい。だから今でもドイツを中心とする中部ヨーロッパという考えは生きています。

だからどうということはそう簡単にいえないと思うけれど、ヨーロッパの中でのドイツの影響力は充分に強いと思います。

したがって、ドイツとしては何が何でも、オーストリアのハイダー党首への反対はむろんのことナチの影を払拭する必要がある。そうでなければ直ちにほかの国が恐怖を感じるのです。ヨーロッパの中で平和を貫くためには、どうしてもドイツはナチを抑えることが必要なのです。

国連決議なき空爆

一九九九年三月、NATO軍によるユーゴスラヴィアのコソヴォへの空爆のときには、ドイツ軍機がNATOの一員として飛んでいます。その理由づけ、正当化として、そこでは民族浄化という、いわばアウシュヴィッツのようなジェノサイド・大量虐殺が起こっていることに対する防止が語られました。しかし、ドイツの中にはかなり分裂した意見があって、反対する人があった。ドイツ軍をNATOの領域以外のところに送って戦闘に参加させることにはかなり強い抵抗があったのです。

その抵抗する人の、つまり反対意見の一つの根拠は、ユーゴはドイツ軍の元の占領地域で、そこに再びドイツ軍が現れたら住民の反感が強く、これは危ないということが一番大きな理由だったと思います。それから賛成のほうの意見は、一応ユーゴスラヴィアへの介入は人権の問題で、極端な民族浄化運動、極端な弾圧を別の民族に加えるという一種の民族戦争の状態になっている。民族浄化運動というのは、ユダヤ人をドイツから消すというナチがやったことで、少なくとも形式的にはナチに似ている。だからもしナチに反対だったら、今のユーゴスラヴィアでのミロシェヴィッチ大統領を初め、そのほかユーゴスラヴィアで行われている民族浄化運動の極端なものに反対しないのはおかしい、一貫性がないという議論です。ドイツはあくまで民族浄化運動には反対だということを明示するためのジェスチャーとしてドイツ軍を使うというのが一つの理由だった。だから両方に意見は分かれていました。結局ドイツは象徴的に軍を参加させたのです。

それからイタリアです。NATO軍は地理的な条件からイタリアの基地から飛び立ってユーゴスラヴィアを爆撃していたのですが、イタリア軍そのものの参加は非常に限られていた。世論はやはり割れていた。イタリアの場合は反対のほうが強かった。政府は象徴的に少しの軍隊を入れただけで、大きな軍隊は動かさなかった。しかし基地は提供してイタリア基地からNATOの爆撃機がユーゴスラヴィアへ向かった。そしてどこが実際に軍事的にユーゴスラヴィアの問題に強く介入したかというと、ある程度まではフランスですが、主力はやはり米国です。

だからユーゴスラヴィア戦争というのは二つのことを意味している。一つはヨーロッパが統一されて、その軍事的表現はＮＡＴＯで、ＮＡＴＯは統一ヨーロッパの軍隊としていろいろなことを行う、軍事的介入をする場合には地域外に出ても介入するということを示した。

それから第二の面は、それでは実体としてはどこの軍隊が一番大きく動いたかというと、それは圧倒的に米国です。

ヨーロッパにも米国にも反応があって、ヨーロッパ側には、米国にあまり依存しないでヨーロッパ自身で必要なときに緊急な軍事的介入ができるような軍隊を作ろうという計画がそのあとに出てきます。米国はそれを承認している。

米国が主力だったということの別の内容は、量的な意味で米軍の力が強かっただけではなくて、技術的な問題も含んでいます。米国のテクノロジーがヨーロッパのほかの国の軍事テクノロジーよりもはるかに進んでいるということです。ヨーロッパの軍隊は米国のテクノロジーに追いつく必要があるということになる。すなわち、現在の世界情勢は、軍事的な多極化ではなくて、一極化の傾向が強いということです。

しかし、ボスニアのあとで起こったコソヴォを中心にしたユーゴスラヴィア爆撃においては、軍事的手段が有効ではなかった。ミロシェヴィッチの支配をやめさせるという点ではまったく効果がなく、コソヴォからの難民の流出を止めるという意味でも、難民は爆撃を始める前よりもあとのほうが増えた。公然といわれた目的をほとんど達成できていないということです。一般市民の犠牲者を出し、市民的な設備、ドナウの橋梁とか、発電所とか、自動車工場とか、要するに軍事施設ではないものを爆撃してしまった。爆撃の中にはセルビアの軍隊の戦車とか、戦力をつぶそうという目的が入っていたのですが、実際にはほとんどミロシェヴィッチの軍事力を弱めるのに役立たなかったようです。人道的な理由で介入するのは独立国の主権の侵害如何という問題よりも上位の問題であるという考え方――そのこと自体が問題だけれども――、まずその前に確認しておく必要があるのが、人道的目的によって軍事介入して、その人道的目的を達成していないということです。

なぜ達成できなかったかという理由の一つは、NATO側に犠牲者を少なくすることに強い関心があったためです。爆撃のために飛行機の高度を上げ、その高度から小さな目標を正確に識別して爆撃するのに成功しなかったということは、技術的限界の一つだと思います。

さらに大きな問題は、あれが初めてのNATO軍によるユーゴスラヴィア爆撃であって、国連の安全保障理事会を抜きにしてやった軍事行動だということです。国際法の立場からいって正当化される戦争というのは現在二つしかない。一つは正当防衛で、自分の国が外国から軍事的に攻撃されたときに報復する、自分の国を守るために武力を使うということです。第二は、国連安全保障理事会が承認し実行しようと決定した軍事行動です。ところがユーゴスラヴィアは、とにかく国境の外でどこかの国を侵略したわけではない。イラクの場合とは違う。ミロシェヴィッチはどんなに残虐なことを国内でやっていようと、外国を侵略したことはない。空爆は正当防衛ではない。

国連の安全保障理事会はその問題を議論していません。どうして議論しなかったか。もちろんロシアと中国、つまり拒否権を持っている常任理事国が反対だということが初めからわかっていましたから、安全保障理事会を抜きにしたのです。国連憲章によれば、すなわち現在有効な国際法によれば、あの軍事行動はどうしても正当化されない。非合法的な介入だということになる。非合法的な介入を正当化するためには、軍事行動が国際法の上に立つ目標を追求している時は例外であるという議論をしなければならないでしょう。現にNATO諸国はそういう議論をしていたのです。つまり人道的な介入は国際法の上位に立つという理くつです。

それは一種の理論には違いないと思います。しかしその議論の弱点は、人道的問題というときに、誰が人道的な問題を特定の地域に認定することができるのかということです。それは国連ではない。なぜなら国連は無視されているわけだから。そうすると結局当事者なのです。

NATOが自らそれを人道的問題であると判定する。紛争当事者の間でそういう国際法の上に立つ理由を認定するということになると、もちろんミロシェヴィッチ側は反対します。どちらが正しいかということを認定する機関がない。当事者の一方が自分の軍事行動を正当化するというのは、これは歴史の開闢以来いつでもそうです。トロイ戦争以来。最近でいえば、日本の中国侵略もそうです。国際法から見れば侵略戦争であるが、日本側はその上にさらに大東亜共栄圏とか、東洋永遠の平和などの価値を主張した。構造的にはＮＡＴＯの議論と同じです。

何が国際法に超越する戦争目的であるか、つまり主権国家の主権に超越する戦争目的であるかを認定する国際的な機関があれば、その議論はかなり説得力を持つけれども、それが当事者だというのではきわめて弱い。それが第一の点です。

第二の点は、先述したように、法的問題すなわち正当化の問題ではなくて、実際に効果があるかどうかということです。ユーゴスラヴィア爆撃の場合には実際にその目的を達成していない。ではほかの場合はどうかというと、湾岸戦争のイラクの場合も大いに疑わしいと思います。サダム・フセイン大統領の政府を転覆すると称していた目的は明らかに達成されなかった。それからいまだに広く知られていないことがあります。多国籍軍の側には極めてわずかな犠牲しかなかったが、あの爆撃によって相手方の市民に与えた被害はどのくらいなのかは発表されていない。おそらく相当の数だろうと思います。あの戦争についての情報はいまだ充分にそろっていない。そういうあやふやなことでは、やたらに軍事力を行使することはよくないと私は思います。

それに対して、あれは当事者が正しい戦争だったといっていて、それに参加しなかったのは残念だから、早く参加できるように法律を改正してその準備をしましょうというのが日本政府の態度です。これは極端なご都合主義だと思います。日本政府としては、たとえば湾岸戦争ならば湾岸の平和と問題の解決に何が一番いい手段であるかということをはっきりと分析して、その上で一番適当だと思う解決方法に日本政府がどれぐらい参加できるかというような議論に進むべきです。

戦争が始まったらいきなりどうしたら戦争に参加できるかということを考えるというのは本末転倒です。まず問題解決、そのために取るべき手段を日本の意見として決めて、それならばその手段にどれだけの参加ができるかというふうに議論は進むべきでしょう。

そのためには開かれた議論によって、日本が主体的に国連の能力を高めていくべきだと思います。今のところ国連のほかに国際機関はないのです。だから国連によるしかないだろうと思いますが、しかし国連の権限は圧倒的に安全保障理事会に集中している。安全保障問題に関する、したがって軍事力行使に関するマンデイト（認証状）を発することができるのは安全保障理事会だけなのです。

安全保障理事会ではまた常任理事国の影響力が非常に強い。しかし、常任理事国は米・英・仏・ロ・中の五カ国だけです。その中にはアジアの国は中国が入っているだけで、アフリカや中東、ラテンアメリカの国は一国も入っていない。その安全保障理事会の中でもソ連の解体以後は圧倒的な影響力が米国に集中している。だから現在の国連を真に国際的な意思決定機関だということは難しいと思います。

国連に対してすることは二つあって、国連に協力するという態度を鮮明にすることが一つ。しかし、同時に大事なことは、国連を、より国際化する方向に改革することです。そうでないと、さまざまなことを真に国際的ではない機関を通じて決定することになります。そのためには、たとえばアフリカやラテンアメリカの代表は少なくとも一国は常任理事国として入っている必要がある。いきなりドイツと日本だけを常任理事国に加えるのは合理的な行動ではない。なぜならば、日本はアジアの国だけれど、ドイツはまたヨーロッパの国です。ヨーロッパの国三国で、あとは米国とロシアと中国と日本。米国の行動はヨーロッパに近い、ロシアの行動もヨーロッパに近い。結局ヨーロッパと北米以外で実際に常任理事国として安全保障理事会の中で影響力を行使することができるのは中国と日本だけということになる。日本がもし米国に従えば、実際は中国一国が残るだけになります。そういう状況は破る必要があるでしょう。

湾岸戦争は一応安全保障理事会の承認を得ているわけですからユーゴスラヴィアのときよりは法的手続きとしては完備しているとは思います。しかし、あれは国連軍ではなくて多国籍軍で、その多国籍軍の行動を安全保障理事会が承認していたのです。実際上の軍事的な力の大部分は米国依存でした。自国の領域からはるかに離れた地域に軍隊を派遣して、有効な軍事行動を取ることのできる唯一の国は、現在のところ米国だけということが湾岸戦争で明瞭になったのです。

日本の大勢順応主義

　ここでこの間の歴史の流れを整理すると、まずベルリンの壁が崩壊して、続いて東西ドイツが統一され、そのあとに湾岸戦争が起こっています。それからソ連邦が崩壊してＥＵができあがった。ベルリンの壁崩壊以降の歴史的な流れというのは、もちろん歴史にＩＦはないとしても、私が希望したのとちょうど逆へ逆へ、つまり危惧した通りにすすんできました。ＥＵとして条約を調印するのが一九九二年ですから、それ以前にいろいろなことが起こってしまったことになります。実際には、壁の崩壊で「多極化」するとみられたものが、冷戦構造の崩壊によって、一極化した。この奇妙なプロセスの中にいろいろな問題が詰まっていると思うのです。そこで、日本が米国の一極化との関係でどういう立場を取っているのか、ということがあらためて問題になると思います。

私はかなり早くから多極化ということを強調する考え方に反対でした。現実は一極化の傾向のほうが強いと思っていました。しかし多極化ということを強調する人たちがまったく非現実的なことをいっていたのではなくて、ある程度は事実にも基づいていたと思うのは、経済的にはかなりの程度まで多極化傾向が進んできていたからです。数十年前に比べればはるかに円が強くなっていますし、それからユーロが出てくる。国際的な決裁手段が実際にはUSドルに集中していたのが、かなりの程度まで円やユーロの参加によって多極化していくということはいえます。しかし一方、軍事的には米国一国に集中している。米国が圧倒的な軍事力を持っているという傾向は強まっている。ほかの国によって軍事力が均衡していると考えるとすれば、それは幻想だと思います。

そこで文化的な問題を考えると、二つの指標があって、一つは言語、もう一つは大衆文化です。たとえば映画とかテレヴィジョンとか、そういうものです。そうすると、言語では英語の力が強くなっている。だから言語は多極化現象が起こっているのではなくて、一極化現象が強く出ている。今のところは一年ごとにその方向が強まるばかりです。大衆娯楽、映画、テレヴィのプログラムでも大体米国が圧倒的な輸出国であって、ほかに国際的な強大な輸出国はない。ですからこれも一極化傾向といえると思います。もちろん最近、ヨーロッパではアジア、アフリカの映画が注目されはじめてきていますが。

経済的にはある程度の多極化現象がある。しかし軍事的、文化的には一極化現象が明瞭です。政治的にはどうかというと、これは一番複雑で、おそらく多極化と一極化との間の緊張関係にあると思います。ある場面では一極化の面が強く出るし、ある場面では多極化の面が出ないこともない。それが現在の状況ではないか。

かつて中国に対して日本帝国が「膺懲《ようちよう》（こらしめる）」という行動をとったことがありました。いまどき倫理的に通りにくいことですが、米国がイラクやユーゴに対していっていることも結局同じようなことです。人道は確かに重要なことですけれど、実際に何かを解決しているかというと、そういうことはない。そこで日本がどういう選択をしたらいいのかあいまいにされている。

しかし現実には、日本はあまり、人道問題と国際法上の問題との間の緊張関係をどう解こうかなどということを議論してこなかったと思います。問題を解くにはどうしたらいいかということに関心があったのではなくて、いきなり天下の大勢はどういう方向に向かっているかを判断して、たとえば武力介入に動いているとすれば、その大勢に従うにはどうしたらいいか、どの程度従うか、あるいは参加するか、どの程度に参加しないかということに関心が集中したのだと思います。しかし大勢そのものを批判していないし、もっと別の方向で解決を求めたほうがいいとか悪いとかいう議論もあまりしなかった。

つまり問題点の所在をはっきりさせていない。ひょっとすると自分の中にある問題点もはっきりしていないのかもしれません。大勢は、自ら考えた方向ではなくて、与えられた方向として感じられるわけです。だから従う前に、そもそも自ら適当だと思う方向なり問題解決法なりを考えるということにはなっていない。

国外でも国内でも行動の型が同じようになっている。大勢順応主義です。では大勢を誰が決めるかというと、それは日本政府ではなくてほかの政府が決める。どこか個人が主体的に決めるのではない。国際的には日本政府、国内的には特定の指導者が考えた上で決めるようになっていない。そうではなくて、何となくできる、集団的にはできたある大勢に従う。

たとえば民族浄化というようなことが議論になれば、こういうことについて日本人もまったく無縁ではない。人道に対する罪という概念にしても、まったく突飛な話ではないはずです。ところが、それがユーゴで起こっていると、まったく別世界のことで、日本の過去におけるさまざまな戦争犯罪をどう清算するのかということと結びつかないのです。

さらに考えるべきは、時代局面によって、大勢それ自身が変わるということです。国内の場合でも対外的な場合でもそうです。過去の大勢が今の大勢に変わるので、将来また変わるかもしれない。大勢に順応するという大勢は、つねに現在の大勢です。その今の大勢と過去の大勢との関係、それから未来の大勢との予想される関係というのは原則として問題にならない。ところがもし自ら大勢を作るのなら、それは考えないといけない。過去の大勢を批判し継承しながら、現在の大勢を作る。現在の大勢の弱点と強い点、あるいは利点とマイナス面とを分析して、未来の大勢を作ろうとしなければなりません。ところがそうではなくて、与えられた大勢に従うわけですから、その場合には過去に何があったかというのは必要なくなる。現在の状態は現在の状態としてそのまま受け取るということですから、過去および未来から切り離された現在に対する対応、すなわち一種の現在主義だと思います。歴史的時間の中で過去にあまり拘泥しない、未来を思い煩わずにまっすぐに現在にすべての注意を集中するということと、大勢順応主義とは切り離せません。そしてそれはいつから始まったかといえば、昔からそうだろうと思います。

この大勢順応主義、現在主義について福沢諭吉が早くに興味深い指摘をしています。明治一〇（一八七七）年に西南戦争が起こります。西南戦争の起こるまでは明治の元勲として西郷隆盛を高く買っていた多くの人たちが、西南戦争が起こったら官軍に抵抗した賊ということで、口を極めて悪く言うようになります。一夜にして態度が変わったというわけです。福沢はそれを観察しながら、明治維新を思い出して、明治維新の前には徳川幕府の立場からいって、賊は官軍つまり王政復古派の人たち、薩長の侍なわけです。ところが結局薩長の軍隊は江戸に入る。すると、もとの幕臣たち、旗本たちは、いきなり薩長の政府の下に仕えるのは節を曲げることになる、こうなったらたとえ飢え死にをしても節を曲げずに仕官しないほうがいいといった人もしばらくは多かった。だから突然わが国に伯夷叔斉が大勢出てきた。しかし一年たつと、一人抜け、二人抜けしていった。今日一人の伯夷が仕官すれば、あすは二人の叔斉がまた職を薩長政府に求め、だんだん減ってきて、たちまち首陽山頂に人影なしと福沢はいっています。明治維新のときにも、結局みんな大勢に従った。西南戦争までは西郷隆盛崇拝だったのが突然悪口に変わった。これも大勢に従ったのだ、大勢に従うという点では、これは皆日本人なれば、毫末の違いもないと福沢は書いている。

明治元年と明治一〇年との間に毫末の違いがなかっただけではなくて、その後一〇〇年たってもほとんど違いがなくて、やはりその大勢順応主義は大きい。

その功罪はどうかというと、大抵のことはいい面と悪い面があるので、何もかも悪いというわけではない。現在の大勢を判断してそれに従うということは、敏捷で現実的な態度という面を含んでいるわけです。しかし他方では、根本的には自分で自分のやることを決めるのではないから、原則がない。原則のない行動は便宜主義に流れる危険をはらんでいます。だから一長一短です。大勢がいいほうに向かっている、つまり日本の利益とか、あるいは日本国民の幸福のほうに向かっているときはそれでいいわけです。しかし大勢が明らかに悪いほうに向かっているときは、その大勢順応主義に徹底するとたいへんまずいことが起こる。

大衆の中にはいつの時代でも大勢ができます。それを強化して、大勢に乗ってこない人たちをその中に組み込んでいく作用、そういう意味での大衆操作は、テクノロジーと関係して今は昔よりも強くなっているると思います。強力なメディアの働きかけによって大衆心理は操作されるから、メディアがどっちに動くか、つまり天下の大勢の批判をその中に含むか、あるいはそれを消すように作用して一定の方向にどんどん働きかけていくかということは決定的な問題の一つです。今日ではメディアから自由な大衆というものは存在しないからです。

日本人はなぜ外で起こっている殺戮に対して無関心でいられるのか、外で起こっていることと自分たちの選択との距離をどういうふうにして縮めていくことができるのか、これは、つねに問われるべきことです。大勢順応という習慣が強いと、それは現在のことに関心が強くて、過去や未来との関係において現在の行動を定義することが少ないということになります。過去の事実、ことに不快な事実を正面から見る習慣がない。それが一番基本的な問題だと思う。社会全体としては利害関係もそれに絡みながら、まずかった過去はあまり直視しないで忘れるように、その話はあまりしないように動くのです。その典型的な例が第二次世界大戦、十五年戦争の中での中国侵略戦争です。それは、ほとんど国民の全体を巻き込みながら進展したことだけれど、いまだにその過去をごまかそうとしている。またそれについて多くを語らないという暗黙の了解みたいなものが戦後半世紀の間強く続いてきた。

それについてあまりはっきりした態度を取らなかったことの背景には、占領軍の政策もあります。冷戦の渦中で、十五年戦争をやった侵略主体としての日本よりも、冷戦の一つの駒として日本を使うという考え方が占領軍の中に次第に強くなりましたから、その影響もあります。

日本人には、はっきりよかったか悪かったかということの意識が明瞭でないのです。そんなに悪くはなかったという考えが潜在しているわけで、それがもう一度息を吹き返してくる可能性はつねにあります。それはすでに「自由主義史観」という形で出てきています。これは本当は見直しではなくて、歴史の見方というものが固定していなかったことのあらわれです。だからどちらにもふらふらし得る。つまり、過去をはっきり見ないことと、過去の容認とは密接不可分なのです。

この過去の容認に対して、ドイツでははっきりとナチの弾劾があり、イタリアはムッソリーニを自分で追い払い、ファシストを追い出そうとした。

オーストリアでは、ヒトラーが入ってきたとき多くの大衆がそれを歓迎した。反対がなかったわけではないけれど、それは少数です。そして戦後、現在までそのような過去をはっきりと認識していないし、正面から見つめてこなかった。そして戦後のオーストリアはヒトラーの、つまりナチの犠牲者としてのイメージを対外的にも示したし、国内でも大体そういうことにして、その話はあまりしなかった。しかし前述したように、ヒトラーのオーストリア合併に賛成して歓迎した人たちはずっと生き延びてきた。なぜならそれを正面から見ないから、追い出したとか処罰するということもなかったわけです。ある時期が来れば、今まで発言しなかった感情、つまりヒトラーに協力したという伝統が、また地下水のように表に吹き出してくるということは充分ありうるのです。それがハイダーの自由党だと思います。その点で日本とオーストリアとは構造が酷似している。ヴァルトハイムは元ナチ党員だった。それは隠して、国連の事務総長になって世界平和のために尽くしている。ある事情でそれが暴露されて彼は辞めていきますが、そういうことはドイツではありにくい。ある意味では圧倒的多数のオーストリア人はヴァルトハイムなのです。

日本の場合も同じです。岸信介は戦後の日本の総理大臣ですけれども、もとは東条内閣の閣僚です。そのことをはっきりさせないでも、その人は総理大臣になれる。ヴァルトハイムと岸との間には並行関係があると思うのです。だからしばらくたつと、その延長上に今度は南京虐殺はなかった式の議論をする人が出てくる。それはハイダーの自由党が出てくるのに似ている。だから過去をはっきり直視しなければ、過去の繰り返しの可能性が必ずある。地下に眠っていたものでも、表面に浮き上がってくるときが来るということです。

中国や韓国の国民とその政府が抗議するから、侵略戦争の責任を認めるというのではなくて、日本国内で右翼的考え方の復活が出てくることを防ぐためにも、過去をはっきりさせる必要があります。

日本人は本当に変わったのか

戦前戦後の連続ということでいうと、もう一つは、戦後世代の責任ということがあると思うのです。世代はもちろん変わっているが、ある事柄が連続していれば同じ感性が続く。そういう意味から戦後世代の戦争責任という問題になる。

私は戦後世代の戦争に至る責任というのは直接にはないと思っています。しかし戦争をかつて生み出したような考え方、あるいは文化が今日持続していれば、それの持続か断絶かということは戦後世代に責任があります。今は戦争がなくなったのだから、過去の事実としての戦争に責任はない。戦争犯罪にも責任はない。しかし戦後の人も、戦争を生み出した、あるいは戦争犯罪の背景にある文化は持続している、そしてその中で育っているわけですから、その文化に対してどういう態度を取るのかについては、もちろん責任があります。ことに建前としては戦後は比較的自由なわけで、言論の弾圧があるわけではないし、情報が管理されているわけでもないのだから、もし望めば充分な情報を収集することができるし、自分で考えることができる。だから戦争を生み出した文化を承認すれば、それは間接に戦争に対しての責任があるということで、将来の可能な戦争に対しての責任があるということになります。要するに過去に対して責任はないけれども、未来に対して責任がある。

もう少し具体的にいうと、ではどういう文化に対して責任があるのかといえば、たとえば大勢順応主義に対して責任がある。大勢順応主義が最も危険なのは、その大勢が戦争に向かったときですから。大勢順応主義に批判なくして、若い世代が、つまり直接の戦争責任のない人たちが、戦争に関して責任はないということを主張するのは無理だと思います。そして戦争はもういっぺん起こり得る。決して最後ではないと思います。

過去を直視しつづける、ということでは、フランス文学者の渡辺一夫さんが語った言葉が忘れられません。『ほんとうに日本と日本人は変ったのでしょうか』といっていたのは、そのとき、渡辺一夫先生だけであった。私たちの何人かが集って、海外の新思潮や世直しの理想を語っていたときに――思えば明治以来、いや、おそらく遣唐使以来、その二つはわが国では離れ難く結びついていたのだ――『ちょっと音楽を聞いてみませんか』と渡辺先生はいった。その蓄音器から流れ出す歌は、途方もなく高く鳴り響いた、『勝って来るぞと勇ましく、誓って国を出たからは……』――『こういう歌をときどき聞いた方がよくはありませんか、想い出のよすがに……』。たしかに戦後二〇年を通じて、その歌は私の耳の底にも鳴りつづけていた。しかしその歌が聞えないほど大きな声で怒鳴ることの必要なときもあったのである」と私は『続羊の歌』の「一九四六年」という章に書いています。

渡辺さんの家は本郷にあったのですが、かなり大きなお宅で、仏文の学生とか、あるいは助手とか、東大の仏文科を中心にした人たちの集まりがありました。多いときには二〇人ぐらいが集まっていた中で、先生は蓄音器を鳴らされました。渡辺一夫先生はそういう人でした。たいへん皮肉屋でユーモアのある人だったのですが、そういう言い方は典型的でした。日本人が一九四五年に変わったということに、たいへん懐疑的でした。多くの日本人の態度、いうことががらっと変わった。いうことは変わったけれども、心のあり方、心の働き方も本当に変わったのかどうかということです。私はもう少し希望を持っていたから、先生の懐疑はちょっと行き過ぎではないか、やや見方が悲観的すぎるのではないかと考えていました。少なくとも根本的に変わる可能性があるのではないかと考えていた。ただその後、五〇年たった。そうすると、どうも残念ながら、時がたてばたつほど、そのときの「日本人は本当に変わったのか」という懐疑主義が、だんだんに説得力を増していると思います。

それでも客観的に見れば、私はやはり今でも変わった面と変わらない面があると思っています。変わった面は、戦後になってとにかく制度が変わった。多くの日本人の心理的なものの考え方とか感じ方の基本的な型みたいなもの、それをメンタリティというとすれば、そのメンタリティと制度は相互関係があると思う。制度をどう運用するかということでメンタリティは強い影響を与えるけれども、同時に制度はまたメンタリティに強い影響を与えて、その型を決めていくのです。

戦後の日本では制度が根本的に変わりましたから、その影響が心理的なものの考え方や感じ方の型に影響を与えないはずはない。その意味で、基本的に日本人は変わった面があるに違いないと思います。

何が変わったのかというと、たとえば集団内部における人間関係が上下から水平な関係に近づく傾向がある。戦前ほどの強い上下関係はなくて、横の関係が出てきています。しかし集団そのものの、つまり集団所属性の価値としての重要さは変わっていない。一種の集団主義で、個人の価値よりも集団の調和みたいなもの、あるいは集団の利益を先行させるという意味で、集団に属しているということが大事にされる。個人主義的であるよりは集団主義的であるという傾向などは変わっていない。そのことと関連して大勢順応主義は、変わっていない。もしそうならば、先述したように、現在に集中して、それほど過去と向き合おうとしないということになる。

戦後の制度は根本的に変わってそれが影響したといいましたが、戦後の新しい社会制度は、どういう面が変わり、どういう面が変わらなかったのか。

民主主義の二つの側面、つまり平等主義とそれから人権というか個人の自由を考えてみるとわかりやすい。平等の方は、日本人の意識のなかにはじめからそういう傾向があったと思います。徳川時代の身分制度の極端な差別を廃して、普通選挙法のほうに動いてきた近代日本というものは、平等主義のほうへ動いたわけです。戦後には、米国の影響の下で、それがさらに強化された。もともとあった変化の方向を強化するという形でかぶってきた制度改革が、外国のイニシアティヴによるものであっても、日本人のメンタリティを変えるのに役立ったと思います。

しかし、もともとなかった、日本の歴史のなかにはっきり見えていなかった価値を外からかぶせたときは、それは日本人の心に深く浸透し定着しなかった。要するにその心理構造を変えるところまではいかなかったということです。それが自分自身の意見を主張することと、ほかの個人の意見を尊重する態度です。正しさの概念が数から独立している、最後の根拠が個人の良心のなかにある、という考え方は浸透しなかった。だから少数意見の尊重ということがあまり発展しなかった。

日本人が変わったか変わらないかというのは、変わらなかったといい切ってしまうと少し粗いと思います。渡辺先生は非常に微妙な形で、その一番鋭いところを突いていたと思うのです。

情報の不均等性

いまはマスメディアをとおして情報過多の現象が起こっていますが、それを全部信じるということはないにしても、それがすべて間違いであると判断する材料はないわけです。多くの情報は、社会のどこかに巨大な情報の蓄積があっても、そこへ行ってそれを使うことはできない、ということがまず問題としてある。

いわゆる情報社会ということについては、社会全体としてはたくさんの情報が蓄積されているという意味ではまさに情報社会だけれど、一般の人にとって利用できる情報の量が、何事につけても豊富だという意味でなら、情報は不足していると思います。

たとえば、どこかで事件が起こった、飛行機が落ちたとかの際、直ちに、なぜ落ちたのか、なぜ事故が起こったかということの情報は、一般の人が知ることのできる情報は原則として少ない。第一に、たとえ知っても、その情報は、ハイテクノロジーを含んでいるから、なかなか難しくてそれを十分咀嚼することができないということがある。

しかし、それだけではなくて、飛行機製造会社は、機械の故障だと飛行機の売れ行きに関係するから、自分に不利な情報を、知っていても公開しないように努力するでしょう。飛行機に故障、欠陥があって落ちたのならば、補償金の問題もあるから、その責任を製造会社がとらなければならない。操縦ミスならば、航空会社がとらなければならない。それぞれ利益が絡んでいる事故当事者で、たくさんの情報を持っている人たちは、それをすべて公開はしないのです。

一般の人は、もろもろのことをメディアを通じて知りますから、情報が多いという印象は必ずしも持っていないと思います。メディア自身、メディアに情報を提供する人によって、あるいは組織によって大事なことは隠されていて、わからないという印象を持っているのではないか。

昔、村に住んでいる人が必要とした情報は村のなかで起こっていることだけでした。だから、それは自分の目で見れば、割合にわかりやすかったし、うわさもあるけれども、翌日行ってたしかめてみることもできる。情報が多い、少ないは、村に関してはかなり、それだけで事実的な、自己充足的な情報の体系があったと思うのです。

ところが今は桁違いに大きな社会です。そうすると日本のなかで起こっていることでも、行ってみるわけにいかない。どうしたってメディアに頼るしかしようがない。そうすると、その利益に関係している人たちがそれぞれ情報を操作しますから、どこまで信用できるのか、大事なところでは情報不足が頻繁に起こる。

ことに政治問題に関して、一般に、大衆というか、有権者たちは、必要な情報を持っている状態ではない。むしろ逆だと思います。ある程度までは、有権者自身が情報を獲得するために充分な努力をしないから情報が不足しているという面もあると思いますけれど、とにかく事実の問題として、有権者は、選挙に関して有効な、役に立つ情報を充分に持っているとは思えません。

その点で情報公開法はあったほうがいい。それが社会に大きな利益を与えるか、あるいは少しの利益しか与えないかは使い方によります。しかし、情報を欲しいと思わなければ使えないから、大衆がどこまでそう思うかという問題がある。

外国と比較すれば、たとえば米国と日本では、米国のほうがはるかに早く情報公開の習慣がありました。日本は秘密主義です。

一八世紀の前半、大阪の懐徳堂系統の人で富永仲基という若い学者がいて、彼は『翁の文』という小さい本を書いて、中国とインドと日本、つまり儒教的文化と仏教的文化と神道的文化との比較をしている。そのなかで、彼は〝くせ〟という言葉を使って、中国人のくせは、ものを誇張することだ。だからみんな真に受けるとばかげたことになるというのです。それから、インド人はありもしない空想的なこと、超現実的なことをいうから、これも真に受けることはできないといっている。

さて日本のくせはどうかというと、ものを隠すのがくせだというのです。秘伝だとか、宗家、本家が特別な弟子にしか教えないなどといって日本ではやたらに隠す。この隠すというくせは、泥棒などもよく行うくせで、まことにくせのなかでもはなはだ劣れるものなりといっています。つまり情報公開に反対の伝統は、日本では富永仲基の観察が正しいとすれば、少なくとも一八世紀前半から今日まで続いてきたのです。

米国は、公開が非常に進んでいます。ある年が経過すると、外交文書も公開する。その背景には、どこまでそれが現実であるかは別として、理想としては少なくとも米国の政治の理想は、建国の昔から人民のための政治、人民がつくった政府、人民の自治だという考え、すなわち共和国の理想があります。日本では、前は徳川幕府で後は天皇制官僚国家です。お上が人民を支配するのですから、何でもかんでも公開することはないわけです。それが戦後変わったのですが、どこまで変わり得るかという問題です。

それからもう一つ、情報公開と関係することですが、やはり致命的な問題は、米国の憲法でいうプレスの自由です。新聞、広くいえばメディアです。情報を獲得して、そしてそれを大衆に伝えるための手段というのは自由でなければならない。政府がそれを操作するのではなくて、新聞が自由に意見を書けなければいけないというのが基本的にある。政府を批判できなければ民主主義ではない。

民主主義の根幹は政府を批判できるということですから、批判した上で、いい政府だったらそのまま投票し続けるし、まずい政府だったら交換するわけです。そういう考え方が、米国における情報公開の習慣と、日本における習慣との違いの背景にあります。

第二章　戦前・戦後　その連続と断絶

人間は本性において悪魔なのではない

私は『続羊の歌』の「信条」という章で、「そもそも一人の男について、その性の善悪を問うよりは、多くの人間を悪魔にもし、善良にもする社会の全体、その歴史と構造について考えた方がよかろう」と書いています。人間の本性とか本質のほうに関心を持っていくよりは、人間を悪魔にしたり善良にしたりする社会とか歴史のほうに関心を向けるべきだとするこの考えは大いに経験に基づいた考え方です。それは、戦争中だけでなく、戦争の済んだあとの経験でもあります。

戦後、東京で電車などに乗って、戦争に行ってきたであろう年齢の男性が前にすわっているのを見ると、それはいかにも穏やかな顔だった。顔だけではなくて、現実に、いい家庭の父親だったり夫だったり、会社で真面目に働いている、まことに平静につきあっていい相手です。
それは確かだと思う。

電車の中の人だけではなくて、私も、東京で生まれて育っていますから、その男たちが隣に住んでいる人たちとしても違和感はない。戦場で行われた悪魔的な行為というのは、到底その人たちから出てくるはずはないようなことです。現実に戦争後でさえも東京の町は比較的安全だった。そういう善良な人たちです。

ところが、その人たちが、徴兵されて中国やフィリピンに行った。その中で、戦闘ばかりではなくて、南京虐殺に象徴されるようなきわめて残酷な犯罪が起こったということは、これも否定できないことです。

それで、誰がそういうことをしたかというと、必ずしも上官の命令だけではなくて、ある程度、兵隊自身の自発性を伴いながら、そこに彼らを追い込むような状況の中で、一般市民、武装していない相手を犠牲にしたと思うのです。悪魔的な行為にしても、その場でそれを見ればそうですけれど、しかし、その人の本性が悪魔的だとはいえない。

なぜならば、私の目の前にいる、地下鉄に乗っている人たちが悪魔的なはずはないし、現にそうでない。だから、どちらか一方だけを見て、人間の本性は本来いいものだともいえないし、また悪いともいえない。それは結局、状況次第だということです。広い意味で命令を受けたということも入れて状況次第だと思います。

ナチ時代、強制収容所でユダヤ人大量虐殺を指揮した罪で、イスラエルで裁かれ一九六〇年に処刑されたアイヒマンもそうです。アイヒマンは、「命令に従っただけだ」と法廷で無罪を主張した。たぶんそのとき嘘をついてはいないと思う。しかし、彼が手を下さなくても、そこへ人を送り出すというのは、強制収容所で何が行われているかということは充分に分かっていたわけですから、それは実に悪魔的な行為です。しかしその悪魔的行為は、命令に従うという意識でできたわけで、それ以上の悪意とか、あるいは当人に虚無的な破壊的な意思があってできたことではないと思う。だから状況がそうならば多くの人はアイヒマンになりうる。しかし、状況がなければ大量殺人どころか一人だって殺さない。

それから、こういうこともあります。戦争が終わってだいぶたってから中国を訪ねたときに、中国の戦線に行ったことのある日本人と中国での話をしたことがある。

彼は昔、武器を持って軍隊の一員として中国の町に入った。そうすると、戦争中ですから、日本軍が入っていくと、道路に人はあまりいない、みんな逃げて家に引っ込んでいる。そこを軍隊がただ通過する。しかし、誰もいない町で、娘さんがひとり自転車でそばを通りすぎて道の先の角を曲がった。どうしても出なければならない用があったのかもしれませんし、何だか分からないのですが、そこを軍隊が行進していくとき、「曲がった陰から撃たれる可能性があった」と彼はいうのです。実際に彼自身は殺されなかったけれども、隣にいた日本兵の一人が射撃の弾に倒された、そういうことがあった。つまり命懸けの問題になる。

そういう時にどうするのか。「家の外に出るな」と命令を出しておいて、その町に入って行く。その時、自転車に乗った娘ひとりがいきなり通り過ぎる。それは軍服の相手ではない。たぶん普通の市民かもしれない。しかし、そうでないかもしれない。その陰から撃ってこないという保証はない。そうすると、自分自身および隣にいる同僚、日本兵の安全のために、「それはやはり射殺するということになる」ということ。動いている人間を全部撃たないと自分および自分の仲間の兵隊が危ない。「あなただったらどうするか」と、その元兵士は私に訊くのです。私でも撃ったかもしれない。見えないからどうなるか分からないので、そういう時は撃ったほうが安全だということになると、多くの人が撃つのではないか。

それでも撃たないということはもちろんある。危険を冒してでも撃たないということはあるけれど、しかし、それは非常に難しい問題です。日本兵が一般市民を殺して、戦争犯罪だといっても、それは命懸けの問題で、もしその犯罪を犯さなければ自分が殺されていたかもしれないということになる。

その状況では「どうしたらいい」という回答はないと思う。その自転車に乗った若い娘さんまで含めて、町の人全部が、侵入してきた外国の軍隊に敵意を持っている。そうすると、市民であっても、武装していないように見えても射撃せざるをえないという事態がある。その時に私がいったことは、「だから、日本軍が町に入らないほうがよかった」ということです。そういう町に武装して入ることは戦争ですから、入らなければもちろん戦争にならない。あなたが撃ったことが悪いとか良いとかいえない、同じ状況に臨んだら私も撃ったかもしれない。「その状況を作ったのは戦争だから、戦争に絶対反対なんだ」と、それしか答え方はないということです。

私は、そういう状況に臨んだ日本兵が射撃したことには反対ではない。しかし、そういう状況に彼を追い込んだ事件、つまり、日中戦争なるものに私は全面的に反対です。それが私の根拠です。人間の本性は悪いかいいかの問題ではなくて、そういう状況に追い込んだ戦争というものが悪い。戦争というものは本質的に殺し合いですから、必然的に、殺すか殺されるかという状況をどうしてもつくり出すので、戦争しないほうがいいというのが私の考えです。

戦争一般についてはそうですけれども、戦争に関する私の意見をもう一歩進めると、ジュネーヴ協定にもあるように、「武装しない市民を殺してはいけない」。軍隊同士の戦いは戦争の公認された行為であっても市民を殺すのはよくないということです。

しかし、組織された軍隊とゲリラとの闘い、あるいは、その頃、日本では、「便衣隊」といっていた、軍服を着ていない、しかし敵意を持っている一般市民と戦うとき、市民を殺さなければならない状況になりやすい。軍服を着た、組織された、命令に従っている、いい武器を持っている軍隊が、それほど組織されない、むしろ大衆の中から出てくるようなゲリラと戦うときは、どうしても組織された軍隊が一般市民を殺す場合が多い。ある意味で市民が敵だから、そもそも市民を敵にするような戦争はまずいということにもなる。

日本の中国における戦争は、ややその先取りみたいなところがあって、兵器の破壊力と整然とした組織を持っているという点では、日本軍が圧倒的にすぐれていた。だから、中国でどんどん侵略が拡大していく。中国側の抵抗は、民衆がだんだんゲリラになって闘う市民になっていく。戦争が進めば進むほどそういう状況が広がる。結局、武器においてすぐれた、あるいは組織においてすぐれた日本軍は、中国人民の抵抗に敗れたということになる。

だから、そういう種類の戦争は第二次世界大戦の、米軍対日本軍という形と違う。第二次大戦以後、ほかの国も民衆、市民を殺す戦争をやりました。たとえば、フランスの植民地だったアルジェリアでの独立運動のゲリラとの戦いとか、米国がヴェトナムで戦った戦争などは、典型的にそうです。圧倒的な火力と組織の近代的軍隊対市民ゲリラです。そして、その中に抵抗する「ヴェトコン」（越南共産党解放民族戦線）がいるというので爆撃したり殺したりした。しかし、ヴェトコンを一人殺すと二人のヴェトコンができる。だから、ヴェトコンを殺すという方法で問題を解決することはできない。そのすべての人口を皆殺しにすれば別ですが、そうでない限り、そういうことは不可能です。だから、マクナマラ国防長官は計算を間違えた。

彼はコンピューターを駆使してヴェトコンを一人殺すのに幾らかかるかを算出した。その費用が少なければ戦争は効率的で合理的だと考えた。その計算は大事なことが抜けている。それは私のいう、ヴェトコンというものは、それを一人殺すと二人できるものだということです。したがって、殺せば殺すほど、相手は減っていかないで増えていく。したがって、その流儀では、戦争を勝利することはできない。ヴェトナム戦争ではそういうことが明らかになりました。

その意味では、中国における日本軍とヴェトナムにおける米軍とは酷似していると思います。

死刑廃止と戦争反対

そういう戦争経験があったものですから、人間は生まれつき悪い人、クロの人というのはいないし、生まれつきシロの人もいないと思うのです。状況しだいでシロからクロに変わる。逆も真で、戦争が終われば、クロかった人はシロくなる。そういうふうに善悪というのは、人の本性としては変わりうるものだという気がする。

誰かが悪いことをした、そこでそれが罰せられる。しかし、どんな悪いことでも、それはある特殊な状況の中で起こることです。その状況は、どういう人でもその場に置かれたら殺すようになるとは限りません。その人に何かの性質がなければ犯罪は成立しない。だから、特定の状況とそれからその行為をした犯罪者その人の性質と両方の要素が重なった時に凶悪な犯罪が成立する。

しかし、逮捕して牢屋に入れたら、その中では状況が全く違います。かつて犯罪を成立させた二つの条件のうちの一つは急変する。第一のもう一つの要素はどうかというと、その人の内的要因というものもまた変わりうる。

逮捕して牢屋に入れると、その人の性質が変わる可能性がある。死刑というのは、もしその人が変わっている場合だと無意味であるし、かつ、残酷だと思う。現在の状況では、彼は凶悪な意思を持っていないうえに彼をそこに追い込む状況もないから、その人間を殺す理由はない。過去の凶悪犯罪に対する復讐というだけで人間を殺すことになるのはよくないと思う。

なぜならば、その二人の人間、過去の人間と現在の人間とは違うからです。それが私の死刑反対の理由です。人間には、そんなにはっきりした、梃子でも動かない本性を持った人というのはいないと思います。どういう人でも性質が変わるようになっている。状況のほうももちろん大いに変わる。人殺しをした犯罪人と、今、牢屋の中にいる人間とはまるで別の人間である可能性が大きい。それを殺すことには反対です。死刑は取り返しのつかない行為です。

なぜ死刑にするかということの、もう一つの大きな理由は、「またやるかもしれない」という恐れと再発防止です。「危ないから、ほかの人が危険だから彼を抹殺しよう」という考えです。しかし、社会の安全を守るために、凶悪な犯罪を犯した人を殺すというのは必要ない。終身刑でいいのです。

またもうひとつの、死刑を必要とする人の議論は、これは昔からありますが、犯罪の予防です。「そういうことをすれば死刑になるぞ」と相手を脅すことで実際に犯罪が起こることを防ぐという予防効果です。これは、もしそういうものがあれば、考慮しなければなりません。

もし、死刑という制度が凶悪犯罪の起こる確率を小さくしているのなら、廃止して、凶悪な犯罪が増えてくることを、社会はそう簡単に受け入れることはできないと思います。ただ、それは実質的な事実問題ですから、その議論をするためには、死刑を廃止すれば凶悪犯罪が増えるという事実を知らなければならない。そういうことが実は分からないと思うのです。

国によっては、死刑廃止という国はたくさんありますから、廃止して凶悪犯罪が増えたかどうかを見ると、凶悪犯罪が増えたという統計はない。だから、少なくとも死刑の予防効果なるものは疑わしい。今まで証明されてないから「ない」とは言えませんけれど、証明されるまでは死刑を中止したほうがいい。

人格を破壊された旧友

今の話とも少しつながってくるのですが、やはり『続羊の歌』の「格物致知」の章で、「……幸にして私は太平洋戦争に生きのびた。しかし生れて育った街が一晩のうちに灰燼に帰し、人心が荒廃して、昨日の同僚とも今日は話が通ぜず、餓えた人々の怨嗟の声の巷に満ちるのを見聞した。多くの青年が毎日死に、そのなかには、私の二人の親友も含まれていた。そういうことのすべては、私の生涯を左右した。しかもそういうことのすべてが、天災でも、運命でもなく、一連の政治的決定の結果にほかならなかった。いくさの間語り合うことの多かった旧友の一人は、中国の戦線へ行き、病を得て還った。戦後の東京で出会ったときに、『政治の話はもうやめよう』と彼はいった。『ぼくはひっそりと片すみで暮したいよ』『しかし君を片すみからひきだしたのは戦争だね、戦争は政治現象だ』と私はいった。『戦争はもう終ったではないか』『政治現象は、決して終らない』『しかしどうにもならぬことではないか』『たとえどうにもならないことであるとしても』とそのときに私はいった、『ぼくはぼくの生涯に決定的な影響をあたえたし、またあたえることのできるだろう現象を、知りたいし、見きわめたいと思う』。（中略）『何も知らずに暮しているのが、いちばん幸福だね』と彼は呟き、私は彼を理解していた。いくさの傷手は、私の想像も及ばぬほど深かったにちがいない。それは私の想像も及ばぬ経験があったからだろう。もはやそれ以上にいうことは何もなかった……」と書いています。

中国に行ってきた親友が、そこで何を見、何をしたのかを語りたがらない、こちらもそれを聞くこともできないという経験。旧友の何かが変わってしまった。これは人間が、ある環境の中で変わってしまう、あるいは変わりうるという話と関連がある。

かつては卒直に語り合った旧友は、どうしても戦場の体験について話さなかった。彼が中国戦線に行っている間、中国で何が起こったか、あるいは軍隊の中でどういうことが起こったのかというのは分からない。

しかし、彼と話しながら、私は、その戦争のその経験、私が知らない何だか分からない経験が彼の人格を破壊したと感じた。問題は、彼が中国でいかにひどい状況に身を置いたかということです。私は彼が帰ってきたとき、何人かのほかの友達と一緒にたいへん喜んだ。それは状況が変わったということです。ところが、状況が変わっただけではなくて彼自身が変わってしまった。戦争の中で起こったある経験が、彼の性格とか考えとかそういうものを破壊した。

彼は戦争に行く前は、戦争に対する明瞭な意見を持っていた。自分の周りにある環境というものは、こちらから働きかけてもどうにもならないものだから一切関心を持たない、ただ、自分の現状の中で小さな満足だけを求めるという態度ではなかった。そうではなくて、かつては自分の現状を超えてもっとほかの人のことも考えるし、環境の全体についてもそれを理解しようとしていた。

こういうことがあると思います。現在、人類学者が知っている社会というのは、大体、新石器時代の水準の社会です。オーストラリアにもアフリカにもある。人類学者はそういう所を観察して記述して分析して、研究している。

そこで、古典的な人類学者の一人、マリノウスキーは、そういう新石器段階の社会では、いろいろな社会組織があったり、いろいろな神話がつくり出されている。そういう人間の活動をどういう力が動かしているのか、何のためにそういう行動に出るのかということを考えた。どういう言葉を使うにしても、その根本的な衝動は、食べることである。個体維持のために絶対必要である。もう一つは、種族維持のため。個体は死んでも、その種族が伸びていくためには子どもをつくらなければならないから、性的な欲望というのは、食べ物の欲望と同時に、二つの基本的な動機だと考えた。

マリノウスキーの考えは、ずいぶん長く受け入れられていた。ところが「それだけではない」という考えを出したのが、レヴィ＝ストロースです。レヴィ＝ストロースは、食欲とも性欲とも全然関係なくて、やはりそれと並ぶような、つまり個体維持本能や種族維持の本能と並ぶぐらい強いもう一つの欲求があって、人間はそのために行動するといった。その欲求というのは、環境を理解したいという要求です。

環境というのは、縮小、伸縮する。ある人にとっては、世界の全体が環境だし、ある人にとっては、自分の家族だけがその環境だということもある。人間の文化活動には、自分の身の周りの小さい環境だけではなくて、それを超えてもっと大きく理解しようとする要求がある。それが文化的衝動です。

われわれが知っている限りの人間社会はそこまでですから、そういうところでたとえば、どうしてこの世が始まったかとか、死んだらどこへ行くかとか、そういう神話が成り立つのは、かなり広い環境が背景にあるからです。毎日の生活の問題ではなくて、人間はいつか死ぬのだから、死んだあとどこへ行くかという神話はどの社会にもある。何がそれを創り出すかというと、個体維持本能でも種族維持本能でもなくて、「環境理解本能」だというのがレヴィ＝ストロースの考え方です。

もし彼が正しいとすれば、理解本能の対象としての環境が、感覚的に手の届く範囲を超えて行こうとする傾向、これが知的欲求だと思うのです。

そういうふうに考えると、私がいま話した親友は、戦争に行く前は、普通の人以上に知的活動の活発な人だった。ところが、帰ってきて、どうせ変えることができないのだから、もう一切そういうことに関心がなくなった。これは、知的活動の縮小です。だからレグレシオン（退化）です。だんだん広い環境を理解しようというのではなくて、狭い環境の中に閉じこもって、大きな環境については一切関心がないというのは、理解しようという意志がなくなったわけです。

では、どうして意志がなくなったのだろうかというのは、必ずや彼が経験した、私たちの知らない戦争中の経験がそうしたのだと思います。それは、私がいった――言い方はいろいろあるでしょうけれども――戦争中の残虐な経験が彼の人格を破壊したのだということです。

これは、手を失ったとか足を失ったとかということではないから、見かけは物理的には破壊されていない。しかし精神的には、すべての知的活動を支える、したがって、文化的活動を支える根本動機そのものが壊された。戦争がそれをつくり出したのです。

私の親友の何人かは、戦争によって物理的に殺された。一人の親友は、物理的ではないけれど精神的に殺された。だから戦争に反対することは、ほとんど論理的必然に近いのです。

たぶん、正当防衛の問題については、別に考えなければならないでしょう。正当防衛に反対だということはいえない。しかし、戦争というものが与える損害はあまりにも大きいから、全体を正当化するような理由を見つけることは困難です。戦争正当化の理由を客観的に組み立てることはできない。

生還したが精神的に破壊された友人に触れた文章の先で私は、「物理的にそれが不可能でないかぎり、私自身を決定する条件を知らなければならない」、「歴史、文化、政治……それらの言葉に、私にとっての意味をあたえるためには、私自身がそれらの言葉とその背景とにつき合ってみるほかはない」と続けています。つまり私は環境への関心を喪失した旧友とは逆に、環境への関心が次第に強くなっていったのです。

知的好奇心について

ここでいっていることは今でもそう考えていて、そのとおりだと思う。しかし、歴史とか文化とか政治とかそういうものを理解しようとする、その背景を知ろうとすることは、戦争との関連でいえば、いくらか義務感があります。

しかし、戦争の経験だけではなくて、環境を知りたいというのは一種の知的好奇心のあらわれです。私は知的好奇心が強くて、自分の身の周りで起こっていること、それからそれを超えて、歴史の中で社会的、政治的な現象を理解したいという欲求をたえずもっています。

この知的好奇心は必ずしも楽しみの追求ではないかも知れません。しかし義務感だけではない。

ですから私は、レヴィ＝ストロースの「環境を知りたいという本能が人間の根源的な本能だ」という考え方に賛成します。少なくとも私の場合は、かなり根源的な動機だと思う。ほかに目的があるのではなくて、知ること自体が目的だということがある。

だけど、知りたい、理解したいといっても、どういう現実でも理解可能にはならないと思うのです。まず現れてきたところをとらえる。理解可能になるのは、そこにある秩序を発見した時だと思います。人間がある環境に置かれて、暑いとか寒いとかいう感情にかかわる感覚器官を通じて、環境のデータ、情報がまず入ってくる。最初の情報それ自体は混乱的、無秩序的に入ってくる。それを人間は整理して、そして理解できる形にする。理解できる形にしたものを理解するということは、最初のデータが持っている混乱状態の中に秩序を発見するということです。

その秩序を理解してから行動をとるときは、状況に対して行動するのです。窓がある部屋の中で、部屋が暑ければ暑いという状態、なぜ暑いかということを理解して、そして窓を開けて、開けると空気が入ってきて少し涼しくなるということです。あらゆる行為の、たとえば窓を開けようという行為の前提は、開け閉めのできる窓の存在そのものを含めての環境の理解です。環境の理解というのは、環境の中に秩序を発見することです。

原理的にはそれが自然的環境であっても社会的環境であっても同じだと思います。ただ、私の今までの習慣からいえば、政治問題は、関心はあるし、それを理解しようとするけれども、その行為はどちらかといえば、楽しみは少ない。つまり、好きではない。権力の働きと働き方というものを好きだからやっているわけではない。私にとっては、美的な絵画を理解するときは、楽しみは強いです。

「現状がいかにして成立したかを説明することは、現状があたえられた条件からいかに必然的に導きだされたかを明示するのと、ほとんど同義である」、「あたえられた条件を変えることができないとすれば、必然的結果を変えることもできない。したがって、必然的結果＝現状に反対する意味もなくなるだろう」

こういう考えに私が導かれるのは、やはり具体的な経験から出発しているからです。

私はヴェトナム戦争の時代、大体一九六〇年代のほとんどをカナダですごしました。学校で教えていたから、夏休みなどには日本にもときどき帰ったのですが、定住地と定職はカナダにあった。カナダは米国と隣接していて、憲法にあたる基本法も非常に近い。

そこで、六〇年代の後半、ヴェトナム反戦運動が米国を中心にして起こったとき、カナダは、ヴェトナム戦争に反対して徴兵を逃れてカルガリーに逃げてきた米国人をよく受け入れていました。

反戦運動は大学から起こった。学生たち、教師も若干参加して、ヴェトナム戦争を議論して、「これは反対だ」という結論に達して、毎日デモをしたりいろいろやったわけです。そのうちに、米国内のほかの組織、たとえば宗教団体とか、一部の経済団体もそうですけれど、学校外の団体、一般市民の中に反戦の人がだんだんに増えてきた。

あとのほうになると、今度は大衆メディアも巻き込んでいった。新聞、そして最後はＴＶまで巻き込んで激しい全国的な反戦運動になって、結局一九六八年のテト攻勢のときにはジョンソン大統領を追い詰めて、北爆中止と、もう一度大統領選挙に出ることを辞退させた。大学の中の反戦運動の集まりは、その頃〝ティーチ・イン〟といわれた行動だった。それが激しい形で出てきた最初の大学の一つは米国西部のカリフォルニア大学です。

私はカナダに住んでいて、カナダ西部の大学で教えていたのですが、そこがカリフォルニア大学とかなり連絡があって、ティーチ・インも波及してきた。もともとヴェトナム戦争は米国がやっているのですから、カナダの戦争ではない。しかし、米国との関係が密接なので、カナダにも波及してきたのです。

私のいた大学でもティーチ・インをやった。ティーチ・インというのは、学生主体だけれども、教師も出てきた。私も教師だからそこのティーチ・インに出た。そうしたら、実に面白いことが起こった。あとで調べてみると、米国でも同じようなことが起こっているのですが、そのティーチ・インに参加して、いちばん最初にヴェトナム戦争の批判をするのは、物理学者とか数学者とか自然科学の理論的なことをやっている人たちと、英文学科の教授とか、文学部の教授でした。それから、若干の社会学者。高度に抽象的な研究にふけっている数学者とか、英文学者は、その専門は戦争に全然関係がない。もっと専門が戦争に近い国際関係論とか歴史学、ことに米国史の専門家、政治学者たちはいちばん最後でした。とにかく先頭に立たなかった。

なぜだろうか。私がカナダの大学のティーチ・インに出席したとき、学生が反対演説をする。私も何か言ったかもしれません。とにかく反対演説がたくさんあったところへ、政治学の専門の教授が出てきて演壇に立って、「今、みんなの話を聞いていると、学生は反対し、それからあと同僚教授の中にも反対している人がいるけれど、数学者だったり英文学者だったりして、みんな専門が違う。はっきりいえば、詳しいことは全然知らない。ヴェトナム戦争というのは、米国の政治問題だ。米国の政治については皆さん何もご存じない。ご存じない方だけが集まって反対しているような気がします」といったのです。「政治学専門の学生もいるけれども、まだ大して知識がない。皆さんに忠告するが、米国の政治というのはかなり複雑なものだから、何も知らないで、一冊の本も読まないで反対されても困る。なぜヴェトナム戦争が起こったかということをもう少し詳しく、せめて二、三冊の専門書ぐらいは読んだあとで反対なさったほうがいい。私は、今この段階では戦争に反対できない」という演説をしたのです。

その演説に対して私は反論をした。たぶんこういうことをいったと思うのです。ヴェトナム戦争は、あなたのおっしゃるように、どうしてああいう決定になって、こういうふうに発展してきたかということを理解するのは難しい複雑な過程でしょう。それはいわれるとおりです。その意味では私に知識がないということも確かにおっしゃるとおりだと思う。しかし、全然罪もなければ悪いこともしていない子どもまでたくさん殺されている。殺される事実をわれわれは知っている。たとえ、戦争を指導しているところで、どういう経過を通じてそれが決定されたかということを知らなくても、それは反対する充分な条件、理由になる。それは必要なだけではなくて、充分な条件である。子どもが皆殺しにされていることを知っていれば、それだけで反対理由になる。どういう経過でそういうことになったかということを調べて知ることは、それはあなたの道楽かもしれないけれど、私の道楽ではない。こういうふうにいったのです。

その時は大勢の集会だからわりに簡単なことで反論をしたのだけれども、あとでよく考えてみたらこの議論はなかなかおもしろかった。モノを理解するということは、まず混沌としているモノを秩序に還元することです。歴史的事件を秩序立てるためには、理想的には、原因・結果の連鎖の中にそれを組み込むことが必要です。だから、ヴェトナム戦争の理解が進めば進むほど、その現象は偶然に起こったことではなくて、ジョンソン大統領が悪いとかではなくて、もっと原因・結果の連鎖の中にそれを組み込むことが必要になる。

したがって、専門家の知識が進めば進むほど歴史的事件は必然的に見えてくる。もし完全に必然的ならば、過去の条件の中から現在の状況が出てくる。したがって、過去の条件を変えることはできないわけだから、現在の状況に反対するということは無理なわけです。反対しようと反対しまいと、とにかくそれが必然的に起こっているのだから、政治学というものは、それを理解すればするほど現状肯定になる、現状の必然性の説明だから。現状の偶然性の説明では学問にならない。

政治学、あるいは歴史学の場合には、学問が進めば進むほど歴史的な現象が現在起こっていることの必然性を理解することになるので、進めば進むほど批判力が低下する。つまり、批判しても無理だからということになる。そう考えると、なぜヴェトナム反戦運動が数学者と英文学者から出て政治学者から出なかったかが説明できる。その論理はもちろん、ヴェトナム戦争に限らず米国に限らず、どこの国でもいつの場合でも貫徹する普遍的な問題だと思います。

同時に、戦争というのは果たして「必然性」として捉えることができるか、という問題がある。必然的だということになると戦争反対がいえなくなる、できなくなる。にもかかわらず、私は戦争反対です。もちろん反対するためには、自由があるという考え方をとらなければならない。完全に必然的なものではなくて、いま決定すればそれを変えることができる、「やめる」という決定は可能なのだという立場に立たなければならない。

しかし、戦争に反対する動機は、客観的な理解過程ではなくて、一種の倫理的正義感です。つまり「子どもを殺すのは悪い」ということがある。それで、ためらうことはない。そういう問題の時にこそ、その目的を達成するために科学的知識を、客観的知識を利用すべきであって、科学的知識のために倫理的判断を犠牲にすべきではない。

だから私は、戦争反対のほうが先にある。「初めに戦争反対ありき」です。反対を貫徹できるかということで学問の助けを借りる必要はある。どこに状況を変える要素があるかということを知るために。しかし、客観的な知識を磨いていることから戦争反対が出てくるのではない。むしろ、それをやめさせるように、戦争反対をできないようにする傾向が科学的知識の中には含まれている。ですから、「科学から倫理」ではなくて、「倫理から科学」でなければいけないと思う。

ただ、自分が学者だと、倫理的判断だけでは困るので、いま起こっている事態の必然性を客観的に理解することが求められるから、難しい。歴史についての学問とか、社会についての学問というものの中に、倫理的価値の判断をいかにして持ち込むかは大きな問題です。

ヴェトナム戦争の頃、米国の大学のキャンパスで起こった、いわゆる〝コンサーンド・スカラーズ〟というのはそういう意味です。〝コンサーンド〟というのは、「関心を持った」というか、その場合は倫理的関心です。そういう〝コンサーンド・スカラー〟という考え方は、ある意味では、マックス・ヴェーバーの歴史学の根底にある考え方の一つだと思います。

それは「歴史で何を研究するかということを選択するのは、歴史学そのものではない」という考え方です。研究の方法は厳密に実証的で論理的でなければいけないのだけれども、しかし、どういう歴史の話題を、科学的に研究するかは、科学の中から出てくるのではない。そうではなくて、価値判断の中から出てくる。だから、価値判断が学問の中に入ってくるというのが、単純化すればヴェーバーの考え方です。それは今でも生きている。

つまり、学問と価値判断との関係です。ことに、歴史や社会に関する学問と価値との関係はそこに出てくる。ただ「科学は客観的で実証的だ」というのは、六〇年代の批判者が鋭く批判したように、あやまりです。権力の御用学者になることの背景には、価値判断から自由な客観的・実証的科学の神話があります。

それに対して私は批判的です。「価値判断から自由だ」ということを学者が主張する時には、それは「価値判断で保守的だ」ということです。あるいは、世間にある価値の体系をそのまま受け入れている。価値を意識するかしないかという問題であって、価値判断を学問から除外するか取り入れるかという問題ではない。それは言葉のすり替えです。

学者自身が社会の中にいるのだから、発言することは社会に働きかけているわけです。立場を取るためには価値判断がなければならない。ヴェトナム戦争に反対できないという人はヴェトナム戦争に賛成もできない。しかし、実際は、賛成もしないし反対もしないということはないのだから、反対しなければ賛成です。

なぜならば、それは現実に進行しているから。だから、黙っている、沈黙もまた発言です。その意味でサルトルは正しかった。彼は、政治の問題、歴史の問題に関しては、「沈黙は発言だ」という。価値から自由な客観的・実証的科学なるものは、その一言で充分に破壊できる。

ユダヤ人虐殺のドキュメンタリー映画『ショアー』をつくったクロード・ランズマン監督が「なぜユダヤ人は殺されたかという問いはワイセツである」と、ちょっと変わった言い方をしていました。ユダヤ人迫害の歴史をずっとさかのぼっていくと、結局、ユダがキリストを裏切ったこととの帰結だというところまで行きついてしまう。そうすると、「やっぱりそうか」と納得してしまう。原因が分かることによって結果が帳消しにされる悪しき例としてあげているのですが、ランズマンは、そういう問い自体がよくないといっています。

さかのぼっていくとそこまで行ってしまうということで、議論が組み立てられている場合が多いけれど、それは必然性の証明ではない。複雑な問題がたくさん要素として入っているから、ある事件が必然的に起こったとはいえない。

戦争についていえば、もう一つ考え方の上で大事なことは、専門家の問題です。

経済学者が「反戦」ということをいわないという時に、「なぜいわないのですか」と訊ねると、私の専門は経済だから専門ではない。ヴェトナム戦争はもちろん経済現象ではあるが経済現象だけではない、もっと複雑な政治的、イデオロギー的、さまざまな文化的問題を含んでいて、「それは私の専門でない」。だから、専門の外には踏み出すことはできないというわけです。そういう立場を堅持しますと、経済学者は、ヴェトナム戦争の、経済現象としての側面については意見があるが、ほかの側面については意見はないとなる。ところが、戦争は経済現象だけでなく、ほかの面があることは分かりきっていることです。歴史的、政治的、経済的、軍事的、技術的、大衆心理学的その他の現象の総合だから、経済的側面だけ知っていたのでは戦争の全体にならない。専門の外に踏み出さないと反対できないから沈黙しますということになる。

沈黙とは、現在進行していることの、少なくとも民主主義社会では容認です。彼のいっているとおりならば、判断できないのだから、戦争を容認することも専門外の行為だから間違いなわけです。したがって、沈黙も彼にはできない。話すこともできないし、沈黙することもできない。だから、「専門外のことで意見はありません」というのは嘘なのです。そんな馬鹿なことはない。

もし本当にそうならば一週間だって暮らせない。家族と一緒に住んでいるのだから、奥さんがいて子どもがいる。子どもというのは社会的存在であり政治学的存在であり経済学的主体でもある。経済的主体としての私の娘は分かるけれど、政治学的、心理学的、物理学的、生物学的存在としての私の娘は分からない、だから、私の娘の全体については意見がありません、というのと同じです。家族と一緒に暮らしていて、それは愛着があるし、かわいがっていたりする。明らかに経済学者としての専門領域から踏み出しているのです。

専門領域から踏み出したことに意見がないというのは虚偽です。

私はある時、半分冗談だが半分真面目に、私がなりたいのは、「非専門家の専門」だといったことがある。何もかも非専門といったのです。六〇年代末の日本の学生運動は、〝専門馬鹿〟という表現を使った。〝専門馬鹿〟という言葉を、そういう表現がいいか悪いかは別として、彼らがいおうとしたことは今も残っている生きた問題だと思います。専門化が進んでいけばいくほど判断停止になる。判断停止は、政治社会問題については現状維持に傾く、だから保守主義が強くなる。

現状を維持するためには専門知識の総合ということが可能で、それは有力に働くのです。政治に無関心ということはどういう効果を生むかというと、少なくとも現状維持、保守です。沈黙は保守への支持発言です。うんざりするほど、「現状維持に私は力を貸します」ということですから、それでは自己矛盾です。「うんざりしたら変えよう」でなければまずい。

なし崩し的権力掌握の歴史

私が物心ついてからですが、一九三〇年代の後半から日中戦争は続いていて、だんだん太平洋戦争に近づいてくる。米国に戦争を仕掛けて、結果はもちろん敗けるわけですから、そうなるのをどこで止められたかということです。

　その過程をずるずるそのままいかせないためには、どういう機会があったか、どうしてそういうことができなかったのかという問題がある。今から振り返ってみますと、三〇年代もおしつまってからは、はっきりと、いわゆる翼賛体制で軍部を中心にした対中戦争がどんどん拡大していった。それをなんとか正当化しながら、ますます戦争を続けていくという傾向は、国内では批判意見を潰すという形で出てきた。

　その一つの転機になったのが、やはり一九三六年の二・二六事件です。二・二六事件が起こった時、私は中学生だったのですが、私の中学校のそばで、いわゆる反乱軍が大蔵大臣とか内大臣を暗殺して、首相官邸などを占拠した。その事件が起こった時はどういうことなのかあまりはっきりしなかったけれど、わりに早い時期にだんだんその意味が明瞭になってきた。当時、陸軍の中には大体二つの流れがあった。一つは皇道派。天皇が直接に作った政府を中心にして改革をしようという考え方です。もう一つは、統制派。皇道派に対して、もう少し陸軍の現在の構造を維持したまま、その政策をだんだんに変えていくという派です。現在使われている言葉でいうと、やや原理主義者に近い考え方が皇道派です。

その皇道派が軍事クー・デタを起こしたのが二・二六事件です。そしてそれが失敗した。弾圧したのは、統制派です。片方が他方の派を弾圧したのだけれど、しかしそれは、ただ単純な弾圧ではない。皇道派の起こした軍事クー・デタを統制派が弾圧したけれど、同時にそれを利用した。つまり政治権力の内部で陸軍の発言権を強大にした。それが本当の意味です。そして、その年の夏に、軍部大臣現役武官制復活が議会を通った。

これは、陸軍の圧力があったから通ったのですが、これを通してしまうと、今度はもう数年後にはたちまちそれを利用して、陸軍が権力を伸ばしていくことになる。

これは第一部でも記したように全く合法的です。法律は議会で承認されたし、それを使うにあたっても非合法のところはない。

それは比較すれば、ややヒトラーに似ているところがある。ヒトラーは、突撃隊の私兵みたいなものです。その脅しを大いにきかせて権力を取った。権力を取ると、今度はその突撃隊の指導者であったレームとその支持者たち、幹部を粛清する。みんな一網打尽に殺してしまって、軍部と妥協的な政策に転換する。二・二六事件に似ています。過激な人たちがやって、その人たちが権力を取るのではなくて、もっと政治的に巧妙な連中が本当の力を握るということです。

しかし、ドイツとの違いは――これは重要だと思うのですが――、ヒトラーは伍長出身ですから、もともとドイツの政治権力、つまりヴァイマール共和国の権力の中心部から外れたところからでてきて権力を奪取している。ところが、日本の場合には、陸軍の統制派というのは陸軍の中心部そのもので、日本の権力機構の中枢です。だから、陸軍が力を増したといっても、日本の軍国主義は体制の内部から出てきたわけです。

ヒトラーの場合は、外部から入ってきて権力を奪取して、軍国のナチの政策を作った。

日本で、翼賛体制、軍国主義、戦争と歯止めなく進んでいくのは、内部からの現象であって、外からではない。

今も触れたように、日本の軍国主義化は、大体合法的手段をとっているので、たとえば憲法は一行といえども変わっていない。『大日本帝国憲法』のままで、しかもそれは一応合法的な体裁を整えた上で、その内部で変わっていった。だから変わり方がなし崩しなのです。

振り返ってみると、二・二六事件が転機でした。しかし、二・二六事件にしても天から降って湧いたわけではありません。皇道派の活動というのは前からわかっていたわけですから、どこでそれを止めることができたかというのはたいへん難しい問題です。

ある段階をとると、その段階では、「そんなに大したことはないだろう」と思う。一年たつと陸軍はちょっと前へ出る。大きく出たのではないから、そのぐらいなら我慢できると考える。そうするとまた次の年にちょっと先に出る、そういうなし崩しです。日本ではよく「外濠を埋める」という比喩を使いますが、もっと連続的に、無数の外濠を一つずつ埋めていくという感じです。だから阻むのが難しい。

ですから、三〇年代の終りの状況は二つの言葉で要約できます。一つは体制内部からの変革。第二に、その変革のやり方がなし崩しだということです。

そういうことはいろいろなところに現れました。当時『中央公論』

とか『改造』などいわゆる総合雑誌でさまざまな議論が発表されていたのですが、議会の内部で批判したのは斎藤隆夫です。斎藤隆夫は二・二六事件のあとで〝粛軍演説〟をやった。

その時は反応がなくて、一九四〇年、日本政府のアジア政策・対中国政策を批判した。そうしたら政府ではなくて、議会が彼の除名動議を出した。そして除名動議に反対したのは六人だけだった。社会民主党の流れをくむ、社会大衆党の代議士だけでした。あとはみんな賛成した。

彼はもちろん除名されたのですが、その除名に反対した六名も社会大衆党がみずから除名した。

陸軍のやっているアジア政策・対中国政策に対する議会内批判は、

この斎藤隆夫の演説だけです。それで彼を除名した。議会内からすべての批判勢力、野党を排するということで、翼賛体制は完全に反対のない議会になった。大勢順応、全会一致、議論なし。これが翼賛体制です。

議会の外ではどうかというと、『中央公論』、『改造』が軍部批判をしていた。批判者の中には、たしかに思想的にマルクス主義者が多かったのですが、とにかく批判論文があった。アジア政策、対中国政策の批判が出ていました。その一人は「飢ゆる日本」という論文を書いた大森義太郎です。

大森義太郎の議論は戦争批判です。中国侵略戦争にかかる軍事費による日本の経済的な破滅をいっている。「これはばかげた戦争で、こんな戦争はなんの利益にもならない」と批判した。

学生として私はそれを読みました。しかし、そのうちに同じ雑誌で戦争批判どころか、そもそも政治問題を論じることがだんだんなくなっていった。

大森義太郎の書くものも映画批評に変わった。読者の立場からいうと、政治問題を直接に論じないで映画批評に変わったということは撤退です。それからまた二、三年たつと、大森の名は今度は雑誌の表面から消えた。映画批評であろうがなんであろうが、一切の執筆が彼には不可能になった。ちょうど斎藤隆夫の除名と同じことになっている。その後新聞報道で、彼が特高警察によって逮捕されていることを知りました。

そういうふうにどんどん事態が進んでいく。私はただ普通の学生として暮らしていても、本当に刻々、一年ずつ、一歩ずつ事態が進んでいくのがわかりました。

それがたいへんよくわかるようになったのは、高校、大学にいってからです。しかし、歴史的過程が一歩一歩戦争に近づいていくという過程は二・二六事件以後です。それがだんだん加速していく。三八年よりも三九年のほうがもっと早くなる、どんどんそういう方向に進んで行った。

日常生活はどうかというと、食べ物はまだ充分にあった。だから日常生活が逼迫するということはなかった。ことに学生の場合は、学校は戦争に関係なく日常のことがなされていた。授業も進んでいたし、食べたり着たりということも普通だった。しかし、思想的・精神的・知的にだんだん逼迫してきた。戦争に近づいていく異常な空気は生じてきました。

大学生になると、大学を出れば徴兵ですから、最大の関心事はもう徴兵になるわけです。そして、四一年一二月八日を迎えます。

あのとき私は医学部の学生でした。米国との戦争に踏み切るか踏み切らないかということをたいへん心配していました。それは、二つのことを意味していました。米国との戦争、つまり真珠湾攻撃は、対中国戦争の延長上にあるということはあまりにも明瞭だったということです。それが一つ。

第二に、中国との戦争は、陸軍を中心とした日本の軍隊の圧倒的な火力、組織と中国のゲリラとの戦いで、米国との戦いはそうではないということです。日本よりもっと強大な火力と能率的な組織との戦いになる。軍隊と軍隊との衝突です。それは初めから日本に勝ち目はないと思っていました。これは地獄への道です。どういうことになるかと思って心配していたというのが四一年の心理状態だったと思います。

これ以上日本が戦争の道を進んで行って、遂に米国と衝突するようになるかどうかの大きな要素は、ヨーロッパの戦争にあったと思います。

もうその頃になると、外からの情報は非常に限られていましたから、それについては情報不足でしたが、四一年一二月に日本が真珠湾を攻撃する前、同年六月にドイツはソ連攻撃を開始していた。ソ連を攻撃した時には、ヒトラーは第二戦線を作って、数週間のうちにソ連の問題を片づけるといっていた。そして初めの一カ月、二カ月ぐらいは、ドイツ軍の進撃は圧倒的で、ソ連軍を追ってレニングラードやモスクワの要点に迫っていた。しかし、少なくとも四一年の夏には、明らかにヒトラーの計画は狂った。レニングラードは抜けない。モスクワには入れないということで、だんだん作戦が停滞して予定どおり進めなくなった。だから、ヒトラーのいわゆる〝電撃作戦〟がうまくいかなかったということは天下の常識だったのです。

しかし情報不足のために、どのぐらいの困難に出会ってきたのか、どのぐらい失敗の規模が大きいのかということはあまりよくわからなかった。情報ソースを持っていない、普通の東京の大学生にはわからなかったと思います。

しかし、その当時、ヒトラーがソ連侵攻で失敗して重大な危機に臨んでいるということは、ヨーロッパではもちろん、米国も含めて常識だった。

四一年の秋になると、対ソ連の行く先は、プログラムが遅れただけではなくて、いったいどっちが勝つのかわからない、という状況が展開してきます。もしヒトラーが勝てなければ、それは彼の滅亡につながる。大問題はもうすでに発生していたのです。

ところが日本の政府は、アメリカとの戦争に入る時に、ヨーロッパではヒトラーが勝って、アジアでは日本が勝つと考えた。それは、日本政府そのものが情報の獲得とその分析をまちがえていたということです。もし日本政府が、ヒトラーには将来がない可能性が大きいということを知っていたら、もう少し真珠湾攻撃に対する反対は強かったでしょう。

それでも、私たち学生は、米国に挑戦すれば負けるだろうということは知っていましたから、いよいよ真珠湾という時には暗澹たる気持ちでした。しかし、日本政府は、米国の太平洋艦隊の重要な部分を真珠湾で撃沈したということで、国民に大いに宣伝した。マレーシア沖ではイギリスの最新鋭戦艦を沈めた。そして英米に対する戦線は〝大勝利〟となった。

「ちょっと怖いな」と思っていた人たちも、すぐ大勝利のニュースが届いたので、みんな沸き立って、嬉しがった。暗い顔をしていたのはわれわれぐらいのもので、きわめて少数でした。

私は普段どおりに大学に行って、お昼ごろのニュースで、「今朝、始まった」ということを知ったのです。

一二月八日はよく晴れた日でしたけれど、この日のことをよく観察していた一人は、そのころフランスの日本駐在記者だったロベール・ギランです。彼は「アヴァス」というフランスの通信社の特派員でした。その後「ル・モンド」に替わっています。

ギランは、回想録の中で説得的な観察をしています。それは、午前にラジオが報告した。だから戦争が始まったということを日本国民が知った。彼は支局からすぐ町に飛び出した。みんなどういう顔をしているか、日本の大衆の反応を見た。そうしたらみんな、あまりにも大きなことが起こって、それで茫然とした感じだったと書いている。心配も含めて、「いったいどうなるんだろうということで、決して喜んではいなかった」という。ところが午後になると、もっと詳しい真珠湾の戦果が報道されて、明るい気持ちになって、みんな嬉しそうになったと書いている。それが正しいと思います。

それが戦争への道です。

私自身は、一九三九年より前のファシズムに対する批判などがヨーロッパにあることは知っていました。久野収さんや新村猛さんらが京都で出していた『世界文化』を読んでいたからです。その雑誌が人民戦線の動きを伝えていましたから、反ファシズムの動きがヨーロッパで広がっていること、われわれの知っている有名な作家たちもどんどん参加しているということは知っていました。

大学のフランス文学の研究室はフランスの雑誌を取っていて、三九年までは入っていました。一つは『ユーロップ』という雑誌で、もう一つは『ヌーベアル・ルービュ・フランセーズ』（『NRF』）という雑誌で、どちらも三九年、四〇年当時はファシズム批判の雑誌になっていた。

日本の国内ではファシズムについてほとんど批判がなく、ドイツとイタリアと同盟して、三国同盟がやがて世界を支配するなどといっているけれど、それがいかに井の中の蛙か、欧米の知識層の中では弾劾されている反民主主義的な妄想かということも知っていました。

ただ、四一年の一二月以前に、ヒトラーをはっきり見抜くところまではいってなかった。戦争がこの先どうなるかということもわからなかった。しかし、日本が真珠湾を攻撃して、米国が入ってきたことで今後どうなるかは感じました。そのときは私たちの意見と、世界中の指導者たちの意見とは完全に一致していた。要するにヒトラーは、いつかということまではわからないけれども、時間の問題だと思っていた。もちろん日本も没落する。

その当時、私より少し年配の中心的な知識人たちは、どういうことを考えていたかというと、私が個人的に知っていた人物で、戦争の先行きについていろいろな意見を聞くことができたのは、たぶん二人しかいないと思う。一人は、仏文科の渡辺一夫先生です。もう一人は私のおじです。

渡辺先生も、初めからどうせ負けるだろうと思っていたでしょうけれども、しかし、そんなにはっきり負けるとはいっておられなかった。

これは、その当時は知らなかったけれど、丸山眞男さんの四一年一二月八日の回想によると、南原繁先生は、もう初めから全然希望はない、「勝ち目はない、こういう軍国主義の指導者たちが没落するのは時間の問題だ」とはっきり考えていたということです。ほかにも横田喜三郎とか、そういう意見の方がいたらしい。

それから、これもその当時、私は知らなかったけれど、日本共産党の知識層のある部分は、やはり初めから戦争に希望はないと思っていたでしょう。

あとは学生の中に若干の友達がいて、同じ意見だった。それだけです。

爆撃もそろそろ始まるという四四年になると意見はずいぶん変わってきた。少なくとも知識層ではこの戦争の先行きは難しいと考える人が増えたと思います。

そのときはもう東条内閣です。近衛文麿が、いつ頃からこの戦争の先行きはないと考え出したか私は知りませんけれども、「早く降伏したほうがよろしい」という考えで行動を起こしたのは四五年の一月です。

もう一人、私のおじは海軍艦政本部長だったのです。艦政本部というのは、船を作るところですから、彼もやはり希望はないと考えていました。

軍人だから、政治的な状況ということよりも、軍事技術的に考えていた。英国または米国の海軍と一国相手ならば戦争の作戦は立てられる。しかし、日本には英米と同時に戦争をするだけの船はない。だから、作戦は成り立たない。作戦計画がそもそも立てられない戦争を始めるのは愚かである。「残念なことである」といっていました。

彼は公然とではないけれど、親類の大学生にそこまでは言った。その問題に関しては、私はもちろん長い間黙っていましたが、彼も亡くなったし、長い歳月がたったからもうしゃべってもいいでしょう。私が個人的に知っていて、戦争に対して希望もなければやるべきでもないということを始まったときからいっていたのは、その二人です。

思想的問題については渡辺先生はかなりご存じだったけれども、軍事技術的な面ではただ一人、おじだけでした。しかし、彼と同じ意見の人は必ず海軍内部にいたはずだと思います。

「近代の超克」座談会について

「近代の超克」座談会が開かれたのは戦争中です（『文学界』一九四二年九月号—一〇月号）。それは戦争を「近代の超克」という理くつで肯定する座談会でした。

大東亜共栄圏の考え方は五族共存共栄という建前ですから、アジアから英国やオランダなどヨーロッパの植民地帝国主義者たちを追い出して、アジアの国を独立させるのが目的だといっていた。私は初めからそれを信じていなかった。

もし、アジアの民衆を外国の植民地帝国主義から解放することが目的なら、英米と戦争をする前に台湾を日本帝国主義から解放すればいい。ほんとうにその気なら戦争しなくてもすぐできるわけです。

また朝鮮半島は併合して日本の植民地にしていたから、朝鮮の独立を認めれば、少なくとも二箇所において、アジアの国民を植民地から解放できた。それでも足りないから一歩進んでインドネシアをオランダから解放するというのなら話はわかるけれども、朝鮮と台湾は日本の支配の下において、まずインドネシアをオランダから解放するとか、中国を英国から解放するというのでは、そんな話をまともに受けるようなことは、到底できないと思っていました。

だから、その線に沿っての「近代の超克」というのは、土台おかしな話なのです。
「近代の超克」というのは、主として第一次大戦以来ヨーロッパでおきている問題です。つまり、ヨーロッパの中にヨーロッパの没落という考え方がかなり強く出てきて、ヨーロッパ近代に対する批判がありました。代表的にはシュペングラーの『ヨーロッパの没落』です。「近代の超克」座談会に参加した人たちのなかにはそういう本をよく読んでいる人たちがいて、ヨーロッパ人自身が近代は破産したといっている、だから、その代わりに日本が指導者になって、近代の超克、つまり近代の先の新しい文明を作るという議論をしたのです。

その議論は、私を説得しなかった。その理由は簡単です。確かにヨーロッパの近代はいろいろな行き詰まりに達している、だから何とかしなければならないといっていた。しかし、誰一人として、「ついては日本に助けを求めよう」といったヨーロッパ人はいない。

日本のほうは、近代の先に出るといっても、国内の状態を見渡すと、いろいろな点で近代以前です。明治維新のときに近代的な制度は西洋から輸入したけれども、前のものがいろいろ残っている。たとえば土地制度がそうです。それから日本の労働力の半分以上は農業人口です。それは、二〇世紀の近代レヴェルではない。英国やドイツではかなり前に工業への人口集中が起こっていたわけですから、経済史的に見れば、日本は半近代で、とても近代の行き詰まりの話どころではなくて、もう少し近代化できないかということが現実的問題だった。

そういうことは、政治的な問題についてもいえるわけで、政党政治、議会民主主義が定着していたとはいえない。そもそも日本で多数政党の党首が総理大臣になったのは第一次世界大戦のときの政友会の原敬内閣が初めてです。それまでは政党の党首は一度も総理大臣になっていない。天皇制官僚国家というのは、政治の形としては近代的な形態ではなかった。

さらに大日本帝国憲法の中には「人権」という言葉はない。近代ヨーロッパの国家というのは国民国家です。ところが、大日本帝国の憲法の中には「国民」という言葉も表れないで、「臣民」です。ヨーロッパ語では「臣民」は近代以前の用語です。日本国内の法的な制度はかなり近代化していたけれど、憲法も含めて、政治的、経済的な実情についていえば、とても近代とはいえない。

半近代国家が近代が行き詰まった先の社会を生み出すということはどう考えても無理でしょう。本当の思想的課題は、近代との対決ではなくて、日本の近代以前の名残をどう処理していくかということです。当時の結婚はほとんどが見合い結婚です。そして男は一方的に離婚できた。女のイニシアティヴでは離婚できなかった。ヨーロッパにも女性が参政権を持っていない国はたくさんありましたけれど、参政権を持っている国もすでにあった。日本では女性の参政権どころか、男女差別が極端だった。

もっと思想的な問題として、たとえば個人主義です。それはもちろん弊害もあります。いろいろな障害をヨーロッパ社会に生み出している。しかし、だからといってそれを超克するとどうなるのか。農村共同体に帰るのか。村の共同体は資本主義以前です。それを変えるのでなければ、いったい何をめざすのか？

私は個人の人権を認めることのほうが日本社会の目的であって、「それではだめだから、もっと新しい思想を」といわれても、それは空理空論だと思いました。今でも「近代の超克」に関しては、意見はまったく変わっていません。

日本の中だけで、誰にも聞こえないところで日本人だけが集まって「近代の超克」といっても、何の意味もない。井の中の蛙と時代錯誤、それから御用学者の権力に対するへつらい以外の何ものでもなかった。

それにしても、当時立派だといわれていた知識人が明白につまらないことをなぜ議論していたのか？　そうした傾向は現在の日本の議論の中にもあるのか？　それは考える必要があります。四五年以前の日本と四五年以後の日本は制度上は大いに変わった。しかし、思想的には連続面が強い。制度の変革と、ものの考え方や感じ方、行動様式、人々の間の関係、そういうものの連続性とが同時に来ているのが戦後だと思います。戦争中に「近代の超克」をしゃべった人たちと同じ心理、同じ考え方の人がそのまま連続して今日に及んでいる。戦前の心理的なものの考え方、感じ方の型を仮に〝メンタリティ〟ということばで表現するとすれば、そのメンタリティに持続性が強い。

この戦後の日本の問題は、良くも悪くも持続性ということだと思います。持続のどこに利用するところがあるのかという質問が必ず出てくると思いますが、それは、占領軍が一番よく知っていた。占領軍は初め入ってきたときは、とにかく日本を武装解除し、無防備にするというのが第一の目的でした。

第二の目的は、とにかく日本を民主化しようと思った。

武装解除と民主化という二つのことは全然無関係ではないのです。少なくとも民主的な国は、対外的に侵略的な軍国主義にはならないし、侵略的な軍国主義国家は民主的ではないという神話が米国には生きていました。しかしそれは神話です。歴史的には民主主義的な国家が対外的に侵略的な、攻撃的な国家になることは、しばしばあった。

たとえば一九世紀の植民地主義はみんなそうです。英国は最も代表的な民主的な政治体制を持った国でありながらアジアをあれだけ侵略した。民主化された国が侵略国家にならないというのは神話にすぎないのだけれども、米国人の中にはそういう神話を信じている人もいて、それが二つのことを結びつけたのです。

ところが、現実は米ソ冷戦に向かいます。すると占領軍として被占領国日本に対する態度が根本的に変わる。日本を早く再建して、対ソ連圏に対する前進基地にしたくなった。政治的に安定し、技術的に発達し、経済的に栄えている日本、強力な日本をソ連圏に対して資本主義のショウケースとして示したかったのでしょう。

もう一つは、もっと直接的に軍事的な前進基地にする。どちらも民主化や非軍事化とは違う目的です。そこで米国は戦前と戦後を切ることよりも、その持続の面を生かすことに方針を変えた。だから、どうしても必要な場合には、有能な官僚と技術者を戦犯の牢屋から解放して、重要な地位に就けた。

日本の経済的再建はそういう米国方式でやったために能率はよかった。それは一種の成功です。工場も都市も爆撃で破壊され、食べ物もなかった日本が、一九四五年から一〇年たった一九五五年には、戦前の水準を大体回復する。

そして、朝鮮戦争による特需を景気のバネにして五〇年代後半に成長する。そして六〇年代に入ると有名な池田勇人首相の所得倍増論というのが出て、それが現実になる。GNPも拡大する。

それは、米国との完全なる意見の一致の下に行われた。米国がすべてを指導したとはいわないけれど、人材は戦前の人材を利用した。たとえば岸信介のような人は、そんなに何人もいるわけではない。そういうことがかなり広範に行われて、戦前戦後の持続は強化された。そして、天皇の利用です。日本を政治的に安定させるために、天皇シンボルを使って、象徴天皇制にした。日本の心理的統一を早く作るのには、それは天皇制を廃止するよりも有効だった。直接に占領軍そのものの政策としてそういう態度を取った。

何が持続し、どうして持続が起こったかという第一は、このように占領政策の転換でしょう。第二は、占領政策の転換を受けて、「待ってました」ということで、それに乗った日本人の考え方。それから、組織能力とか、技術能力とかの水準が高かったことです。そういう能力の高い人材は戦争中みんな戦争に動員しましたから、彼らはすべて戦争協力者です。彼らを利用しなければ戦後の開発は早く進まなかったでしょう。占領政策は彼らの利用に踏みきったのです。

そうなったときに、戦争責任は消えた。多かれ少なかれ冷戦はヨーロッパでもありました。しかし、ドイツでは事情が違っていて、それほど戦前の人間を利用しなかった。少なくとも政治的な指導者はがらりと変わった。日本は総理大臣から警察署長まで、戦争中に活躍した有能な人たちをそのまま温存した。ということは、戦争責任を一切問わないということです。

戦争責任を問わなければ、戦争中にどれほどひどいことがあっても、それが十分に批判されないことになる。そのこと自体がそもそもなかったことになる。だからまた復活する。

「近代の超克」もその一つの例です。あれがどれだけの害悪を流したかは問題ですけれど、復活する傾向があるというのは、はっきりと批判していないのだから、当然なことなのです。

「国体」という言葉について

「連続」とか「持続」ということについていうと、たとえば「国体の護持」という言葉があります。この「国体」という言葉が曖昧なのです。だからそれを護持するといっても、意味が多義的になってしまう。戦前・戦中と戦後で何が変わったのかというときに、はっきりした答えを出しにくいのは「国体」という言葉の定義がはっきりしていないからです。

たとえば国体を、天照大神の子孫である、神聖にして、犯すべからざる天皇を戴くという意味に解すれば、国体は変わっています。人間天皇だから制度的には一応変わっている。しかし、天皇家が国の象徴として機能すると理解すれば、変わっていない。

日本歴史でいうと、今の象徴天皇制は徳川時代の天皇制とそんなに違わないと思います。ただ、いまは政府がはっきりと制度化して、財政的に支持しているから、安定している。ところが、徳川時代の京都では、かなり貧しいときがあった。室町時代でもそうです。政治権力の正統性の象徴としての天皇の存在という意味では、ずっと続いている。人間天皇制は歴史的にはそれほど逸脱していることではない。

むしろ例外は、明治初年（一八六八）から一九四五年までの七七年間、なかでもとりわけ三〇年代からの天皇です。これは、日本の天皇制の伝統ではない。あれほど直接的にその権力を天皇個人に集中するということはなかった。神がかりがあれほど強いということもなかった。

天皇にすべての国民の忠誠を集中するというのは、比較的短い時期なのです。今の天皇は、戦前と較べればもちろん変わっているけれども、もっと長い目で見れば、それほど変わってはいないということもいえる。それを国体と呼ぶとすれば、国体は変わっていない。

戦争末期に「国体の護持」という言葉が出てきますが、それはもちろん明治以後のすべての忠誠は天皇に集中するということのあらわれです。あとになって、あれは名前だけであって、実際はそんなに権力を行使していなくて、「大臣のいうとおりにしていた」と弁明していますけれど、大日本帝国憲法が書いている天皇の権限を見ると、それは驚くべきものです。「国体の護持」といったのは、その天皇を護持したいという意味だったと思う。

しかし「国体の護持」をいっていた人の中には、そうではなくて、象徴として天皇がいることだ、と解していた人もいるかもしれません。東条と近衛との違いというのは、あったのかもしれません。

ただ、権力がどうして「国体の護持」に一番最後の時期に固執していたかというと、それは明治以後の天皇制が作り上げたメンタリティがあるからです。あの頃戦争をいつ止めるかは「国体の護持」いかんにかかわった。国体が護持されるかされないかということが、戦争を止めるか止めないかの分岐点だった。

近いうちに負けることだけはみんな知っていた。そこで日本国民の生命と、「国体の護持」の二つの基準のもとで、彼らは国体の護持だけを心配した。人民のための政府からいかに遠かったかということです。

私自身も含めてということになるかもしれませんが、その点では、知識人には現実認識がなかった。知識人の一般的な特徴というのは、知識があることと、それから現実を知らないということです。たくさんの本を知っていて、現実を知らない。あのときは戦争中ですから、程度問題だと思うのですが、少なくとも新しい本はなくても、古い本なら読めた。

本が読めて、現実についてはなにも情報が入ってこない。「近代の超克」で議論している人たちはヨーロッパが行き詰まったといっていたけれど、行き詰まったそのヨーロッパと米国で暮らした人はほとんどいなかった。

西洋の近代を議論していながら、日常生活で買物をどうするかもわからない。普通の人はもっと健全で、本も読まないし、現実も知らないから、そういう妙な屁理屈をこねることもない。

私は『続羊の歌』の「格物致知」という章の中で次のように書いています。

「太平洋戦争の間日本国に暮しながら、私が政府の宣伝に迷わされることがなかったのは、実際におこりつつあることを知っていたからではなく、知らなくても容易に見破れるほど、宣伝が自己矛盾にみちていたからである。私が実際の情報に通じていたからではなく、近代の歴史の流れからみて、その流れの方向に逆らおうとする者はほろびるだろう。つまり価値判断であって、これは事実判断ではなかった」

私が戦争に対して「判断」というときは、究極的には、事実を知っていたからではない。倫理的な直観だというときの「知る」は、やや科学的な意味での「知る」です。前述したように私が戦争中から戦後にかけて、かなり長い間いた自然科学の研究室では、「事実を知っている」というのは、ある結論を出すために十分な事実を知っているという意味です。

だから、事実に基づく判断というのは、科学的な意味では十分に知っていなければいけない。そういうことは戦争については不可能ですから、私は、倫理的な直観が大事だといった。

科学的判断ということに厳密な意味で固執すれば、何についても話すことはできなくなる。戦争について判断はできない。しかし、個人の生活では、ほとんど大事な決断はみな科学的判断に基づいていません。生きていくためにはどうしても科学的な判断だけでは暮らせない。戦争はその典型的な例の一つです。

私自身も情報が不足だということはよく知っていた。だからこれはただ推定にすぎないということは科学的に見れば、大いに感じるのです。それはあまりうれしい状態ではない。結論部分はなるべく「だろう」ということばを使わないで、「である」ということばでいきたい。ところが、なかなかそうはいかない場合があるということです。

サルトルと自由について

戦争中の知識人の問題とからんでサルトルについて考えると、サルトルは究極的に成功したとはいえない。それは彼自身がいっているように、サルトルの自由の考え方は、レジスタンスの経験と深く結びついているからです。要するに選択なのです。仲間の名前をいうこともいわないこともできる。いえば助かる。いわなければ拷問を続けられて殺されることが多い。逮捕されたとき、それは根本的には自由な選択です。

そういう選択は、サルトルの芝居によく出てくる。警察に追われている人間が助けを求めてアパートに来て、「匿ってくれ」という。匿えば危険です。しかし、匿わなければ同志を見捨てることになる。そのどちらを取るかということは、やはりそのときのその場に及んでのその人の自由な決断です。

いろいろな個人が連帯感をもって地下運動をやる。しかし、連帯が保証されるのは、究極的には自由意思の問題です。どちらへも動ける。同志との連帯を取るか、あるいは裏切りを取るかということは、その場に臨んでの個人の自由です。個人の自由な判断というものが連帯を支えるすべてです。もちろん契約書を結んでサインして、それを権力が保障するという形ではない。そこからサルトルは〝自由〟ということをいい出して、強調したし、「自由の哲学」を作ろうとした。

ところが、自由な決断というのは個人がするものです。そういう同志的連帯感というものは個人の集まりでなければ成り立たない。ところが、一見似ているけれども、個人が集団に埋没しているときは一種のにせ共同行動を取る。個人と個人との間に全く自由な決断によって支えられた連帯感がある場合と、そうではなくて初めから個人がなくて個人が集団に埋没されている場合とは、表面上似ているけれど根本的に違う。

集団というのは、社会の制度の一部として慣習化していないと成り立たない。レジスタンスの連帯というのは、ある状況で個人が集まって突然できた。だからフランス国内の限られたところ限られた時間に、レジスタンスは実在した。それはサルトルが後で理論化したような形であったと思います。

ところが、日本では初めから個人がないから、個人が集まってそこで連帯するということはない。慣習によって集団の圧力で、みんな同じ行動をとるようにさせて、協力するということはある。しかし、権力に対して、場合によっては地下で連帯というのは成り立ちにくい。戦前戦中の日本で全くなかったわけではないけれど、それは限られていました。

逆にいうと、日本の中でレジスタンスはほとんどなかった。つまり自由な判断をすべき主体がなかった。あまりにも分断された少数の人たちだけだった。友人が戦場に駆り出され、私は偶然、戦後まで生き延びた。全く選択の余地がなかった。まさに自由がなかった。一種の「囚われ人」です。そういう人たちの死を、私はたまたま同じ年齢層だったということもあって、たいへん身近に感じます。もしかしたら私もそうであったかもしれない。とにかくいま生きているわけだから、生きている人は、そういう死をもたらした力に対して抵抗しようと考えた。

戦中は抵抗のしようがないわけです。完全に内面化して個人の精神の自由だけであって、行動の自由は全くない。読書にしても、ソッと隠れて読んでいるのに近い。しかし、その意味を話すことはできない。それを表現することもできない。完全に精神の内面的な自由だけ、考える自由、感じる自由だけを秘しているということになっていた。

戦後はそれとは変わって、環境に働きかけることが可能になった。働きかける権利もあるし義務もある。私の場合は、私の世代の若い日本人を死に追い込んだ人たちの責任というよりも、その人たちを追い込んだ戦争を可能にした思想や組織や人物に反対するという形を取った。

反対することは可能です。しかし、反対したうえで、状況が変わるだろうかというと、確率は小さい。個人の力というのはゼロに限りなく近い微力です。できる、できないということからいえば、できない確率がきわめて高い。だから、反対をやめるというのではない。目的は達成されなくても反対することはできる。

そうすると、私の満足ということだけではなくて、死の問題です。問題は私の友人が殺されるような状況を作ることに反対だということです。目的を達成して実際に戦争廃止ができてもできなくても、やはり反対する。目的達成の見通しがいくら悪くても、戦争に反対しないで代わりに何ができるか。せいぜい少し金が儲かる程度です。金が儲かると何をするのか。うまいものを食べる。反対すれば飢えてしまう場合には、食べ物を買うお金を得るために妥協をすることは、かなりの程度正当化されるだろうと思う。正当化されようと、されまいと実際に私もそうするかもしれない。ただ、食べられているかぎりで、私はもう少し家が大きくなるということのために、戦争反対を取り下げることはしない。それは死の問題に関係しているからです。

親友の死を知らされたときは、やはり初めから哀しみと怒りの混じったような感情です。もちろん強い喪失感、哀しみがある。自分の人生の一部を切り取られた感じがした。つまり、彼がいる世界といない世界とは同じではない。私の立場からいえば、私は彼のいる世界に住んでいたのに、それをなんの正当な理由もなく彼のいない世界に変えられたのです。だから、その怒りは戦後に爆発した。自由に発言できるときになって、戦争擁護論や弁明を厳しく問いつめたのは、友達を殺されたことを忘れるなんていうことは絶対できないからです。

戦争にはいい面もあったし悪い面もあった、あまり昔のことにこだわらないで、もう水に流しましょうということに対する否定です。怒っているから、それを静めることはできない。

ただ、そういう人に対する復讐心は全然ない。たとえば、岸信介。有能な大臣で、日本の戦争遂行に貢献したわけですから、責任はあると思うし好きではありませんけれども、しかし復讐心、恨みはない。

一つには、怒りが個人に向かうよりは、主として組織とか機構とか、つまりメカニズムに向かっているからでしょう。だから、個人に対する恨みという形はとらない。けれども構造は変わったほうがいいと思うし、そういうものをつくり出すような思想は、私は否定する。

南京陥落に提灯行列した東京市民もいれば、日比谷公会堂でショパンを聞いて拍手をした聴衆もいました。その人たちは戦後になって「戦争のことは忘れた」という。そしてある作家は「何も知らされていなかった」と嘯く。

そうした作家の「騙されていた」という言葉を聞いたときは、責任逃れの言い草で大変不快感をもちました。ほんとに騙されていたのだとすれば、知らされていなかったということに対しては、限りない軽蔑を感じました。そういっている本人は有名な作家で、いろいろツテもあるでしょうし、新聞記者も知っている。また、知らなくても、聞こうと思えば、誰にでも会うことは容易でした。もちろん彼にとっては新聞社の外信部長などに会うことは可能です。

私など大学生が電話をかけて、いちいち会っていたら新聞記者は仕事にならないから、そういうことはできない。その私でさえ知っていたことを、その大作家が知らなかったというのは、知ろうとしなかったからだと思う。また新聞社の外信部などにいる人たちは、外国電報を読んでいるわけですから、戦況はどうなっているかということは知っていたはずです。

問題は知らなかったということではなくて、知ろうとしなかったことです。公的な人間ならば、知る気がなかったということに責任を取れと批判した。

庶民とエリートとは全然違う。たとえば町の商店のおばさんに報道機関とのコンタクトなどありません。彼女に外国の新聞を読めといっても無理です。それはしかたがない。日本の新聞を読んで日本の放送を聞いて、そこが伝えていること以外に情報がないのだから、彼女は騙されていたという権利があると思います。だけど作家はそうではない。騙されたいと思ったから騙されたのだと思う。

死の切迫する状況のなかで読む

戦後になって、私は源実朝が暗殺されるという切迫感のなかで詠んだ『金槐和歌集』の歌について書いています。私自身の戦争中の感情と同じ切迫感をそこに見たからです。戦争中、『金槐和歌集』はよく読んでいました。知識のためというより、共感を持ちながらそこに入っていったと思います。実朝は征夷大将軍です。ですから権力と文学、権力と個人という問題がどうしてもでてくる。そういう緊張関係がある。われわれは戦争中に生きていたから、権力、政府とわれわれとの間にも緊張関係があったわけで、それをそのまま実朝に投影したという面が大きい。

ほかの歌人とは全然違う。平安朝の大部分の歌人にそれはなかった。それは彼が武家の棟梁であって京都の王朝貴族ではなかったためです。

さらに、源実朝の歌の先生は藤原定家です。だから実朝という人は、定家風の、つまり『新古今集』的、技巧的な、平安朝の宮廷文化の終りの時期の人たちの趣味、思考、そういう美的な感受性をもった歌をたくさん作っている。

ところが、戦争中は戦場に将兵を送り出すものだから、戦意昂揚のために盛んに益荒男振《ますらおぶ》って、『万葉集』のごく一部を取ってきて、防人の歌みたいな感じで盛んに宣伝していた。『新古今集』とは正反対のものです。だから、『新古今集』を読むのは、そういう風潮に対する反発の表現でもあったのでしょう。

実朝の美学が戦争中の公式美学と真っ向から反対の、それゆえの一種の抵抗だという感じを私は強く持ちました。益荒男振りというのは、内容のない声高な宣伝でしたが、これが日本文学だと思われていましたから。「撃ちてし止まん」という言葉は『万葉集』に出てくるけれど、それは例外中の例外です。『万葉集』の中でも、勇壮な歌というのはきわめて少ない。

暗殺される直前の実朝と戦争中のわれわれの状況とは全く同じです。実朝は自分が殺されるだろうということを予想していたけれど、その状況を変えようとはしないで、その状況の中で自分の短い人生を生き抜こうとした。どうしてその状況を変えたり逃げたりしなかったかというと、できなかったからです。可能性が開けていなかったから。われわれと似たような、いつ死ぬかわからないという状況に実朝は追い込まれていた。

私のほうからいえば、実朝を読んだり定家を読んだりしたのは、みんな同じ思いからです。中原中也も読んだ。中原中也も三〇歳ぐらいで死んだ。短い人生で、短い間に多くの詩を作った。中原中也の中には、ある主義に対する批判と同時に一種の哀感がある。

彼らは別の理由からだけれど、短い人生の間に、彼らの日本語に対する感受性を通じて、その人生を建設した。だから、その日本語は立派です。われわれが読んだときは命懸けの問題です。自分の人生に意味があるのは、『金槐和歌集』があるからだという意味です。面白いとか気持ちがいいとかそういうことではない。ほかに拠り所がなかった。そういうふうに読んだ人には、日本語は大事な問題になってくるのです。生き甲斐のかなり大きな部分に日本語が入ってくる。

「大海の磯もとどろによする波われてくだけて裂けて散るかも」

たとえば、この歌は万葉集とも違うところがある。もちろん新古今集とも違う。実朝は天才だから、前二者で使わなかった修辞法をこの中に導入しています。

戦争中の芸術活動について

それでは日中戦争から太平洋戦争にかけて、日本では芸術はどのような状態にあったか。戦争が近づいてくる時期、一般の芝居、劇場はそんなに変わらなかった。しかし、いちばん激しく変わったのは新劇、築地小劇場です。

築地小劇場は左翼演劇だから、警察官が立ち合って見ていて、ときどき中止させる。最後は強引に解散させて、かなりの数の俳優とか演出家を逮捕して弾圧を徹底させ、結局、新劇は壊滅状態に陥るのです。

音楽は東京でかなり演奏されていました。幸か不幸かというよりも皮肉なことには、日独伊同盟があったからです。近代の音楽で最もよく聴かれ演奏会で演奏される曲の圧倒的な部分は、英米ではなくてドイツ、イタリアです。イタリアは歌唱が有名だったけれど、オペラはそのころ日本にはあまりなかった。熟成期の音楽・器楽は圧倒的にドイツ系、オーストリア系だった。同盟国だからベートーフェンをやることは差し支えない。

しかも器楽だから、オペラほどは音楽そのものの中に社会問題は入ってこない。解釈のしようでどうにでもなるわけで、政治的には中立ということで、普通に行われていた。よく聴きに行きました。

場所は、東京では日比谷公会堂。ほとんどすべてそこでやっていた。皮肉なことに音楽学校の先生に来た人はドイツ人、オーストリア人が多いのですが、その大部分がユダヤ系でした。ナチの政権と同盟しながらユダヤ人が東京で管弦楽を指揮している、あるいはピアニストがピアノの演奏会を開いているというのは、どうも矛盾しているのだけれど、その点では日本の官憲はわりに寛大というか、ユダヤ人とユダヤ人でないドイツ人との区別がはっきりしなかったのではないかと思う。

日本人にとって大事なのは、日本人か西洋人かという違いであって、西洋人の中の区別、たとえばポーランド系だとかユダヤ系だとかいうのは、米国では敏感だけど、日本ではあまり関心がなかった。ドイツ大使館は抗議したらしいですが、かなり遅くまでユダヤ人が平気で演奏していました。そのころ新交響楽団といった、今のＮＨＫ交響楽団の前身の指揮者はローゼンシュトックで、ユダヤ人でした。この人は戦後は米国に移住しています。

それからピアニストで人気があったのはレオニード・クロイツァー、これもユダヤ系の人です。彼も平気でやっていました。

歌舞伎や人形芝居には、やや検閲があった。台詞の適当でないものを削るとか、そういうことで介入はしていましたけれど、それもごく稀でした。小さな台詞で、たとえば「すまじきものは宮仕え」とか、それはいけないというので削った。しかし、歌舞伎の芝居全体のなかでは小さな部分ですから、普通に公演されていたということだと思うんです。

能は普通に演じられていた。狂言は独立ではあまりやられていなかった。そうなったのは戦後です。ところが、戦争が激しくなってきてから、つまり命短しという感じが極めて濃厚になってきた状況で、私は、能を見に行くようになった。友人の中村真一郎なども能のほうに行くようになった。私はもともと歌舞伎によく行っていたので、このころ能に興味が移ったのだと思います。

水道橋の能楽堂でよく見ました。そこではたとえば谷川徹三、安倍能成、志賀直哉などの人たちをしばしば見かけました。

戦争中、能をたびたび見ていた理由は、一つは名優がいたからなのですが、特に能に興味をもったのにはもう一つ理由があります。死が迫ってくると、演劇でも二次的なものを擦り落とした、骨格だけの人間の劇がよくなってくるのです。そこに感動するようになる。豊かでいろいろな要素がたくさん入っているものは、あまり好まなくなる。別な言葉でいうと、死が迫って来ると演劇の中の中心的な部分と二次的な部分との違いが見えてくる。だから、死との関係で本当に人間の条件の永遠な部分だけが舞台の上でも訴えてくる。

能の曲は、全部とは言わないけれども、たくさんの飾りとか贅肉を切り落として本質的なものだけで勝負しているものが多い。感傷的な部分は、みんな切られていて、生と死の問題がいきなり出てくる。

骨格の強い芝居というのは、おそらくギリシャ悲劇と能だと思います。

能というのは前と後で二部に分かれていて、生から死へ移るわけです。能はその意味では社会的でなくて形而上学的です。主人公は根本的に一人。ワキはそれを助けることになるけれど、本当にワキの役に徹していて、二人の主人公の対決ではなくて、一人の主人公の生から死への移行です。

だから、死の問題というのは社会的な網の外に出る面がある。あるいは、社会的な網の目に対して直角動なのです。社会の問題が水平の横軸に沿って展開して行くとすれば、死の問題というのは縦軸になる。能というのは縦に動く。これは非常に珍しい。近代劇を二人の人間の間の葛藤であるとすれば、能は一人の人間の中に起こってくる生と死との葛藤なのです。あるいは神との関係ということになる。

戦争中、いつ死ぬかわからないということになりますと、一人の人間の生死という面が強く迫ってくる。社会的な関係はもうわかっていて、それでいい。どうせ戦争は負けるのだから、私の主要な問題はどんどん生死の問題に集中していく。そうすると能だけが、いちばん訴える芝居になるのです。

今はそういうふうに表現するけれど、そのときはそう感じたのです。それは偶然的なことではなくて、名手がいたからとか、シテの声がきれいだったとか、ということだけではないと思います。

戦後になってからだいぶ時が経って、私はフランスに行って芝居をよく見ました。近代劇はもちろん、イプセンの時代からストリンドベリやミュッセ、そして現代劇までたくさん見た。

いくつも見ているうちに、いちばん面白いのは古典劇だと思うようになった。そんなにしばしばやっていなかったけれどもギリシャの古典劇です。

どうして関心が古典劇へ向かったかというと、近代劇をたくさん見ていると近代劇が古典劇に付け足したものは二次的なものに過ぎないと思うようになったのです。いちばん大事なところは古典劇が語っていると。

ギリシャの古典劇をコクトーが書き換えた芝居を見てそう思いました。ジャン・コクトーは頭の回転が早い、たいへん機知に富んでいる作家ですから、気の効いたセリフがたくさんあって、やりとりが面白い。その芝居を見た。私はそのとき突然、これは面白いけれど本質的な部分ではないと思った。わざわざ古典劇を変えて、コクトーほどの機知あふれる人物でも彼が付け足したものは気の効いたことくらいです。つまり、何も根本的な点では付け足していない。つまり運命と個人の自由との対立とかの基本的な問題は、ギリシャ古典劇がすでに語っていることです。

比較的短い時間に集中して、たくさんの芝居を見たらそういう感じがするようになった。翻ってみて、私が戦争中に能を見たということと奇しくも重なる部分があると思ったのです。

たとえば神の神託。エデイプスが実の父親を殺すことになるという呪われた神託です。エディプス王は全力をあげてそれを避けようとする。彼の才能と強い意思とによって、あらゆる手段を尽くして慎重に、絶対にそういうことが起こらないように彼は努力する。それは人間の自由意思です。人間は神託を変えることはできないから、それは絶対的な命令であって、運命といってもいいし、歴史的必然と解釈してもいい。個人を超えたある社会的歴史的な展開が親殺しに向かわせた。個人にはまた個人の自由意思があって、死に物狂いでそれを避けようと抵抗する。その必然と自由との対決です。その必然が、ギリシャの時代には神託という形で現れたのだけれども、近代ではたとえば歴史過程の必然性ともいえる。もっと進んでくれば、巨大な組織が操作する社会といってもいいでしょう。みんな個人を超えた必然の貫徹なのです。抽象的な言葉でいえば「必然と自由」ということがテーマになる。

なんでも思ったことが簡単に実現できるのだったら、それは劇ではない。人間が遭遇する自らを超えるものの力との戦いの中で敗北に終わっても、人間の尊厳がその中に生きてくればいい。人間の尊厳というのは、必然と自由との緊張関係の中にしかない。それはギリシャでもそうだったし、今でもそうです。

私が戦争で殺される可能性が非常に高くなってくると、それに対しての抵抗というのは、殺されていく事実そのものを変えることはできないから、いま残されている時間の中で、精神の自由を最大に活用することだった。具体的には、たとえば能を見るということに現れてくるのです。

「雑種文化論」について

一九五〇年代の前半、私は大部分をフランスで過ごしていて日本にいなかったから、いわゆる「逆コース」の時代に起こったことは、そんなに細かく知らなかった。しかし、おさらい風に整理すると、一九五〇年代に日本の情勢は大きく変わります。朝鮮戦争が一九五〇年からはじまり、五二年に保安隊ができ、五四年に自衛隊法が通ります。警察予備隊、保安隊、自衛隊と、いわゆる再軍備が徐々に進みますが、他方、この時代になると「言論の自由」も保障されるようになる。

その頃、私は初めて具体的に日本を外から見る機会をもった。しかも、それは冷戦の真最中、朝鮮戦争の最中です。日本は米国に従っていますから、戦争の当事者です。反対側は中国、北朝鮮それからソ連。私は朝鮮半島における戦争の一方の側の世界にとにかく住んでいた。それが初めてフランスへ行った。フランスはどちらでもない第三地域です。朝鮮戦争というものを第三者の立場から見ることができたというのは、たいへんありがたかった点でした。

日本がだんだん再軍備をしていく、いわゆる逆コースの過程の大筋は、はっきり見えていました。中にいるよりもかえってよく見えたと思います。はっきりときれいな線である方向に動いていった。外に暮らしていると、長期的にものを見る傾向が出てくる。この五年間、一〇年間の動きというのではなくて、日本の歴史というものをヨーロッパの歴史と対比したときにどういう意味があるかを考えたいと思うようになりました。日本を時間的に長い期間として見て、日本の文化というものを見つめたいと考えた。

だから、私がいう「雑種文化論」というのは、逆コースなどの五〇年代の動きとは直接かかわっていない。

悲観的な将来とか楽観的な将来というのではなくて、できるかぎり客観的に、どういう利点があって、どういう弱点があるかということを見極めたいと考えたのが雑種文化論です。その可能性の提示から楽観的な気分を引き出す人も、ああこれだけかというので悲観的な結論を引き出す人もいました。

ただ、その当時は、どちらかといえば、ヨーロッパ、米国が進んでいて日本は遅れているとか混乱しているとか、そういう考え方が一般には強かった。私はそうした風潮に乗らないように、必ずしもマイナスだけではないということをいおうという潜在的な気分はありました。それもフランス滞在で得た経験がきわめて大事でした。つまり、本で読んで得た知識と実際に生活した経験と、両方から見た西洋というものは極楽であるはずはないということです。どこの社会でもそうです。黒い面と白い面、利点と弱点と両方を感じる。圧倒的にヨーロッパだけがいいという考え方は克服されると思う。

外国を知っていれば日本がナンバーワンとかなんとかいう幻想は生じようがない。私はそのときにかぎらず、戦後、外国で暮らしている間は日本で起こったことはよくはわからないわけですから、ずいぶんマイナスの面があるのだけれども、それにもかかわらず外国で暮らした経験というのは役に立ったと自分で思うことの一つは、日本のものは何もかも悪いという悲観主義には陥らないということです。外国のものも弱点はたくさんあるから、相対的な問題で日本式の伝統は全部悪いという考えは克服できた。

雑種文化に対立するのは比較的純粋な文化だと思いますが、フランスの文化だって雑種だし、英国の文化だって大いに雑種です。ギリシャ、ラテンからユダヤ系の宗教が入ってきて、それからケルトの文化とローマの文化が混じって雑種であるという反論はもちろん成り立ちます。

それは確かにそうで、むしろ現在の学界は、たとえば中世のゴシック建築でもことにロマネスクはそうなのですが、中近東の影響があって、その雑種的要素を明らかにしていくという傾向が強い。

ただ、私は、中世の話ではなくて近代の文化のことをいったのです。その近代はいつからかというと、大体ルネッサンス以後、ことに一五世紀以後です。そこでは、英国でもフランスでも日本に比べれば比較にならないほど純粋だと思う。たとえばフランス語は、そんなに大きく変わっていない。日本みたいにいろいろなところからの借用語が多いということはないし、言葉だけに限らず建築様式でもそうで、大体自前です。それを私は比較的純粋な文化といった。今でもそう思っています。

純粋がいいか雑種がいいか、ということでいえば、雑種は、その言葉からしてあまりいいイメージではない。

にもかかわらず、それを積極的なものに転化したらどうなるかを考えた。普通、雑種文化というのは悪いというイメージがあるけれど、それをいいものに転化すること、それが仕事だと思った。雑種を純化することはできない。無理にしようとすると、ただ損害が生じるだけです。

純化するには二つのやり方があって、一つは日本式にしてなるべく西洋から来た要素を追い出す方法です。しかし、これは近代の話ですから、それはなかなか困難です。西洋から来た要素は完全には追い出せない。偏狭な狂信的なナショナリズムになるだけで、現実に合わない。

今度は逆に、つまり日本の国語を英語にするとか、やたらに西洋化のことを考えるやり方です。それもほとんど実行不可能です。にもかかわらず、それを押し通そうとするとつまらない西洋崇拝になる。西洋崇拝者はそうするし、国粋主義者は西洋の様相は捨てようとする。どちらも第一に非現実的、第二に思想として幼稚かつ有害です。

唯一の解決方法の第一歩は雑種文化を認めることです。

ただし、私は、そこで、雑種文化をいいものにすることができますとはいっていない。それはわからない。もし、何か日本が将来に向かって明るい展望を持つとすれば、それは雑種文化を積極的なものに転化することだといっている。できなければ日本の将来はあまり明るくないということです。

これが私の議論のすべてです。私自身、ヨーロッパで生活したことで得たことの一つは、狂言的なナショナリズムを私自身の中からは完全に追い出せたと同時に、西洋崇拝も完全に追い出したということです。

私は「雑種文化論」のなかで、「戦後の日本の『民主化』の過程は戦時中の国民主義のうらがえしだとかんたんにいえるようなものではない。いずれにしても権力の強制だというのは粗雑な見方である。占領軍の権力はすくなくとも戦争直後日本の支配階級に民主主義を強制したのであって、大衆に強制したのではない」と書いています。

日本は仏教も儒教も戦後の憲法も大体外から来たわけですが、こういうものは日本的ではない。日本古来の「随神《かんながら》の道」にあわないという考えがある。しかし、本当に変化した部分は元に戻らない。表面的なところだけで流行が変わった部分は元に戻る可能性がある。実は、深い層では持続していたので元に戻るのではなくて、初めから元のままなのです。表面だけ糊塗していたということです。

具体的にどういう点で戻れないかというと、いちばん大きな点は平等主義です。平等主義はある形で根づいている。たとえば女性の参政権がある。これは戦後、国際的な世界の流れ、現代史の流れに沿って変わっている。これは元には戻れない。家族の実際の生活そのものが変わっているからです。家父長制的な民法が作った男女差別というものをそのまま元に戻すということは不可能です。

ただし、平等の考え方には少しズレがあります。ヨーロッパ的な考え方からみれば機会の平等なのです。ぶどう酒を飲むということはみんなが平等にできる。しかし、ある人は金持ち、ある人は貧乏だから同じぶどう酒を飲むことはできない。

日本ではみんなが同じようにすることを平等だと思っている。これは根本的にヨーロッパ人の平等の考え方と違います。機会の平等ではなくて行動の平等ということです。あるいは意見の平等。そうするとコンセンサスが大事、みんなが同じ意見を持って、同じ行動をして、同じ洋服を着て、同じ髪形をすることが大事ということになる。

ヨーロッパ人のいう平等主義とは違うけれども、日本ではとにかく平等が根づいている。賃金格差も、社会主義国を除けば日本は比較的小さいほうです。会社の社長とタイピストの間の月給の違いは小さい。それを元のように大きくすることはちょっと困難で、抵抗が強いと思う。

つまり平等はある程度以上は元に戻れないということだと思います。しかしもともと根本的に変わっていなくて、表面上いうことが少し変わったということは、次第に元の根が表に出てくる。それは自由についてです。

個人の自由とか、良心の自由とか、そういう考え方は日本ではあまり定着しなかった。いまの日本に個人、少数者の意見の尊重ということがないのはその表れです。個人の自由が本当に大事ならば少数意見というものが大事になってくるはずです。意見の妥当性は数の問題ではなくて、一人のほうが正しいかもしれない。そういう考え方がない。法律には人権もでてきますし、自由の尊重ということは一応いっている。でもその流行りがなくなれば地金がいつかは出てくる。議会においては少数政党がないことが一番望ましいとされ、野党のいうことを全然相手にしない。そういう態度の背景にあるのは、極端にいえば斎藤隆夫を除名した議会と同じ原理だと思います。

憲法問題を考える

日本ではいま、憲法の護憲・改憲ではなく、「論憲」という言い方があります。確かに憲法は外来のものですが、根っこのところに二〇〇年前の「人権宣言」が含まれている。それは憲法第九十七条にも書いてあり、人類が長い年月をかけて育み日本人に付託したものです。

その場合、憲法を変える変えないというのは、少なくとも二つの面を区別すべきだと思います。一つの面は、憲法は絶対に変えることのできないものであるかどうかです。それに対する私の答えは、簡単で、憲法というのは永遠のものではなくて、それは変えることのできないものではないということです。

第二は、それでは具体的に今日、憲法を議論しようという委員会を議会内に作っている人たちが、憲法をどういう意図でどういうふうに変えようとしているかという問題です。これは、具体的条件と関連させて考えれば、私は変えないほうがいいと思う。しかし証拠はありません。というのは、どういう意図で変えようとしているかということは推定ですから、確実にこの文章に基づいてこうだということは言えない。人がどういう意図を持っているかという話は、行動してみなければわからない。しかし、現在憲法を変えるには、議会の三分の二の賛成が必要なのですから、最大与党が変えようとするわけです。もし最大与党が三分の二の議席を確保して、その力で変えようということになると、今までの経過からいってどういうふうに変わるかがおよそ想像できます。

およその想像とはいったい何かということになりますが、おそらく第九条を変えるでしょう。第九条は軍備放棄条項ですから、軍備は可能だということにして、海外派兵を可能なようにするでしょう。これまでは長い間かかって解釈を変えながら、第九条を軍備を増大する方向に持ってきた。それをもう一歩進めるために第九条を改憲すると思います。

簡単にいえば、軍事予算を増大する方向に第九条を解釈してきたのが戦後史です。いま憲法を変えようといっている人たちが、軍事費をもっと増大する方向に憲法第九条を変えるのか、今度は絶対にできないように軍備を縮小する方向に憲法を変えるのかといったら、答えは明らかです。別の言葉でいえば、第九条を、できるだけ都合のいいように解釈することでできる軍備の規模が限界に来たということです。今度はいよいよ第九条を変えることによって、もっと自由に行動できる軍隊を備えたいということになる。もしその推定が正しいとすれば、そうしないほうがいい。そういうふうに変えれば日本は普通の国になる、特徴がなくなる。

私は、この条項がただ特異だから、という理由だけでそういっているわけではない。ほかの国もそちらに動くことが望ましい。つまり国際紛争解決の手段として軍事力を用いない、できれば軍事力の脅しさえも用いないというのが望ましい。世界の大勢は、今はそうでないけれど、将来はだんだん普通の国が軍備を放棄する方向へ、少なくとも軍縮を経て軍備放棄に動く可能性がある。もし世界がそういうふうに動けば、日本はただ単に現在の時点でほかの国と違っているだけではなくて、世界の大勢を先取りしていることになる。それは国としての誇りの中心になり得る。だから今の軍備をもっと拡大する方向で第九条の放棄をしないほうがいい。むしろ第九条をもっと厳密に解釈して軍備を縮小する方向に向かったほうがいい。

もう一つの理由は、冷戦がなくなったからです。冷戦の時代が長くほとんど半世紀に及んだので、日本だけではなくてどこの国でも、冷戦当時にその枠組みの中で作り出された、ものの考え方、ことに国際関係、安全保障の問題に関しての思考は冷戦が終わったのちにも持越されている。冷戦が終わったということは、国際関係が根本的に変わったということです。前と同じ考え方が生き延びているのは一種の惰性です。惰性によって生きている古い安全保障観と、冷戦後の現実との間には食い違いがある。この食い違いはだんだん大きくなってくるでしょう。

そうすると、日本国憲法がほかの国の憲法と違って特殊であるということは、その特殊性がむしろほかの国の注目を集めてくるようになる。なるべく第九条に忠実に行動し、むしろ積極的に打って出て、ほかの国にもその方向に動くことを求めていくということがいま大事なのではないか。

冷戦後の現実と離れていくのは、むしろ武装主義、軍事主義で、軍事力の値はだんだん下がってくると思う。皆さんのご都合で日本が先取りになっていたというのではなくて、主体的にそちらへ持っていくように、世界に向かって働きかけることが必要です。それだけの潜在的な情勢がある。

ドイツ軍は、戦後初めてユーゴスラヴィアでNATOの範囲の外に行動した。その前からドイツには、NATOの枠組みの中でもっと海外にドイツ軍を派兵するかどうかという議論がありました。そのときヘルムート・シュミット元首相は、ヨーロッパにはたくさんの国があって、ことに旧ドイツの占領下も含めてたくさんの国があって、そういうところの人たちは、もう一度ドイツの軍隊がいかに規律正しく、優れた兵士であるかというのを見たいとは思っていないだろうといった。

シュミットに習っていえば、百歩譲って日本国が憲法を改正して軍隊を海外に派兵する理由はいろいろあったとして、日本軍の戦闘能力がいかに優れているかということを、もう一度眺めたいと思っている国民はアジアの中に少ないのではないか。

いま軍事的に一極化した米国と国連との関係はアンバランスになりつつある。その国連をどう変えていくか。その場合日本の憲法の役割はどうなのか、という問題がある。それはたいへん難しい問題です。

どこの国の憲法でもそうですけれども、それは国内向けですから、私は国連をそこに持ち出す必要はないと思っています。政策上政府が宣言することは必要だけれども、持ち出さないほうがいい。

日本政府は国連を中心とした外交を展開するといっていますが、米国が国連を無視して行動した場合は、それにも協力する。だから国連中心ではなくて、むしろ実態は米国中心です。米国中心なら米国中心というべきです。ある時期には米国の外交政策と国連の決議とは、ことに安全保障理事会でほぼ同じ方向をたどったから、どういっても同じだということになるかもしれませんが、しかし概念上は区別しておいたほうがいい。区別しないと関係を論じることができない。だから、日本政府は、まず第一に、国連中心か米国中心かということを、考えるべきです。

はじめての南京訪問

私は何度も中国に行っていますが、一九九八年夏、初めて南京へ行き、虐殺の記念館を見ました。長い間ためらいがあって南京へは行かなかった。南京虐殺の歴史があるので、日本人として、南京に行くのはつらいことになるのです。行けば避けて通ることはできない。日本側では南京虐殺は遠い過去のことだから忘れたほうがいいという人もいるし、戦争ではよく起こることが起こったにすぎないので、そんな大規模な虐殺ではないという人もいますけれども、中国側は少なくともそうではない。戦争ではごく普通に起こることで、大して騒ぎ立てるには及ばないと思っている中国人は一人もいない。

とくに南京では、それを忘れている人はいないはずです。私は日本人同士であれば、日本の過去にやった穏やかにいえば過ち、少し強くいえば悪事、それを直視して議論して、もちろん責任問題も含めて議論すべきだと思う。けれども外国人、ことに相手が被害者そのものだと、これは私に完全に言論の自由があるとはいえない。かつての加害者の側からそこに行って、被害者である相手のいっていることに仮に賛同できないとしても、だから賛同できないとか反対だとか、あるいは間違っていると思うとかということを発言することは極めて困難です。私は日本人同士では南京の話をしても、中国人と、ことに現場で南京の人たちとその話をするのはかなりつらいこと難しいことだと思っていました。一方では、私はその客観的な事実を尊重するから、それは誰にも譲りたくない。しかし客観的事実をいいさえすればいいということには、そう簡単にはならないという特殊な状況なのです。そこでこれまで避けていた。

ところがどんなに困難でも、私にとって困ったことでも、それを直視し、避けないほうがいいと考えて、少し大げさかもしれないけれども、試練みたいな感じで南京に行ったのです。そうしたら虐殺の記念館の館長がわざわざ私の滞在していたホテルに連絡してきて、旅程に記念館が入っているかどうかをきいて、記念館を訪ねてくれということを伝えてきた。私は初めからそれを避けないために南京に行こうという覚悟でしたから、初めから旅程に入れてあったのは事実です。行くと館長が出てきて、いろいろ話をしました。

私が、日本人に対しても、また中国人に対してもいいたいことの一つは、南京虐殺を数の問題に還元しないほうがいいということです。その数よりも、もっと大事なことは、南京虐殺があったということです。そしてそのことの当時における意味と、現代の私にとっての意味というのが重要なのだと思う。一番大事なことをはっきりさせるように努力を集中する必要がある。その時、誰が見ても議論の余地のない正確な数を割り出すことは困難です。その上で数が一万だろうと何千であろうと、あるいは一〇万であろうと、とにかくそれは言語道断な市民の殺戮であるということです。なぜそういうことが起こったのか。それは誰がやったのか。なぜやったのかという問題に入っていくことが大事です。

それから第二に議論を尽くすべきなのが、われわれにとっての意味です。それは第一の問題と関連するけれど、なぜああいうことをしたのかということと、それに対する責任の問題、将来そういうことがもういっぺん起こらないようにするためにはどういう手段を講じなければならないかということです。この二つが現在のわれわれにとっての意味です。それは突き詰めてはっきりさせるべき問題だと思います。

館長はそういう主張をほぼ了解してくれた。けれども、彼はやはり数を提出した。それに対して私はその問題にはあまり深く立ち入りたくないといったのです。あなたがいっているとおりかもしれないけれど、正確でないところもあるかもしれない。私は専門家ではないからわからないといった。

それが南京訪問です。一種の緊張感をもって、相手をこれ以上、挑発したり傷つけたりしないようにというのは無論取るべき態度だし、しかし将来にあたって意見の違いがあれば、そういうものも将来の友好関係を損なわないようにきちんと持っていく必要がある。だから相当難しい。ただしそれはごまかしによってはできない。

アメリカで『レイプ・オブ・南京』という本がたいへん話題になり、日本でも翻訳をめぐってトラブルがあったのは記憶に新しいところです。あの本はラーベの日記というものを資料に使っていますが、いくつか間違いを含んでいる。そうすると、逆効果になってしまう。つまり間違いのある本を書くと、南京の虐殺を主張する人は、こんなにでたらめを書いているということになって、彼女の言っていること全部が信用できないとなってしまう。そのことが彼女以外のところまで及んで、南京の虐殺といっているのはみんな怪しい、あれは本当はなかったというところまで話を拡大されてしまう。そのきっかけに貢献する。あの本の出版は、南京の虐殺の歴史的事実を客観的にとらえて、その意味を問うという行動の障害になる。

いま私のいっていることは、原則的には、ドイツ人のユダヤ人虐殺にも及ぶと思います。あれも何人殺したという細かい数字が問題なのではなくて、大量の殺人を計画的に行ったということが問題なのです。南京虐殺のほうは計画的だとは思わないけれど、それを見過ごしたという点では日本軍司令部に責任がある。ユダヤ人虐殺と南京虐殺は大

いに違いますが、歴史的意味をはっきり見定めることが重要だという
点ではどちらも同じです。

本書は、株式会社岩波書店のご厚意により、岩波現代文庫『私にとっての20世紀』を底本としました。但し、頁数の都合により、上巻・下巻の二分冊といたしました。

私にとっての20世紀　上
（大活字本シリーズ）

2017年11月20日発行（限定部数500部）
底　本　岩波現代文庫『私にとっての20世紀』
定　価　（本体 2,900円＋税）
著　者　加藤　周一
発行者　並木　則康
発行所　社会福祉法人 埼玉福祉会
埼玉県新座市堀ノ内 3—7—31　〒352—0023
電話　048—481—2181
振替　00160—3—24404
印刷製本所　社会福祉法人　埼玉福祉会 印刷事業部

ISBN 978-4-86596-205-5

大活字本シリーズ発刊の趣意

現在，全国で65才以上の高齢者は1,240万人にも及び，我が国も先進諸国なみに高齢化社会になってまいりました。これらの人々は，多かれ少なかれ視力が衰えてきております。また一方，視力障害者のうちの約半数は弱視障害者で，18万人を数えますが，全盲と弱視の割合は，医学の進歩によって弱視者が増える傾向にあると言われております。

私どもの社会生活は，職業上も，文化生活上も，活字を除外しては考えられません。拡大鏡や拡大テレビなどを使用しても，眼の疲労は早く，活字が大きいことが一番望まれています。しかしながら，大きな活字で組みますと，ページ数が増大し，かつ販売部数がそれほどまとまらないので，いきおいコスト高となってしまうために，どこの出版社でも発行に踏み切れないのが実態であります。

埼玉福祉会は，老人や弱視者に少しでも読み易い大活字本を提供することを念願とし，身体障害者の働く工場を母胎として，製作し発行することに踏み切りました。

何卒，強力なご支援をいただき，図書館・盲学校・弱視学級のある学校・福祉センター・老人ホーム・病院等々に広く普及し，多くの人人に利用されることを切望してやみません。